一本书读懂元宇宙

徐淼◎著

中华工商联合出版社

图书在版编目(CIP)数据

一本书读懂元宇宙 / 徐淼著. — 北京 : 中华工商联合出版社，2022.5

ISBN 978-7-5158-3390-3

Ⅰ. ①一… Ⅱ. ①徐… Ⅲ. ①信息经济—通俗读物 Ⅳ. ①F49-49

中国版本图书馆CIP数据核字(2022)第062897号

一本书读懂元宇宙

作　　者：徐　淼
出 品 人：李　梁
责任编辑：胡小英　楼燕青
装帧设计：回归线视觉传达
责任审读：李　征
责任印制：迈致红
出版发行：中华工商联合出版社有限责任公司
印　　刷：香河县宏润印刷有限公司
版　　次：2022年5月第1版
印　　次：2022年5月第1次印刷
开　　本：710mm×1000mm　1/16
字　　数：200千字
印　　张：13.5
书　　号：ISBN 978-7-5158-3390-3
定　　价：58.00元

服务热线：010—58301130—0（前台）
销售热线：010—58302977（网店部）
010—58302166（门店部）
010—58302837（馆配部、新媒体部）
010—58302813（团购部）
地址邮编：北京市西城区西环广场A座
19—20层，100044
http://www.chgslcbs.cn
投稿热线：010—58302907（总编室）
投稿邮箱：1621239583@qq.com

导言

元宇宙——影响未来世界的硬核发展方向

自进入互联网时代，数字空间一直是人类探索的新领域。随着 5G 网络实现数据调整传输；物联网和工业互联网融合线上线下实现数字孪生；区块链技术实现数字内容资产化，构建可信任机制和协作模式；VR 和 AR 提升人类与数字空间的交互，消除现实与虚拟的界限；人工智能 AI 扮演智慧大脑应用到社会各行各业，这些都引领着数字经济进入全新的发展阶段。与此同时，我们也迎来了元宇宙时代。2021 年成为元宇宙的元年，人类开始全面步入数字时代，开天辟地，创世而生。

元宇宙是一个物理世界和虚拟世界相互融合的新型数字空间，其功能是进化、融合、赋能与连接，人将在其中创造、生活和娱乐，乃至工作。为此，元宇宙要不断融合新技术，实现自我发展和进化，赋能各行各业，连接物理世界与虚拟世界。因此，元宇宙必然是一场颠覆性的革命，不只限于技术、社会或者工业方面，而是一场人类的全方位的革命。地球上，每个角落的人只要使用互联网，都会被卷入这场革命，成为元宇宙虚拟世界中的一员，在这个虚拟世界中与人交友、娱乐、工作，拥有全新的人生体验，实现从未有过的人生价值。获得财富和贸易主导权，将成为每个人都可以拥有的机会。

为此，《一本书读懂元宇宙》一书的研究重点是理论与实践应用相结合。首先，元宇宙与现实世界是平行的关系。元宇宙与现实世界相比，既相似又有极大的不同，它方方面面映射现实，却又可以方方面面创造全新的现实。其次，元宇宙创建的社会是虚拟的，完全不同于现实世界的社会方式，它是人类对理想社会的一种向往与创造的结果。因此，元宇宙中的感官延展、经济学和监管体系三大发展要点，元宇宙同步性和拟真性、开源性和创造性、永续性以及闭环经济系统四大核心属性，元宇宙哲学思辨、文明体系、经济规则、正面互动、三方共建五大时代课题，芯片技术、网络通信技术、虚拟现实技术、计算技术、人工智能技术、区块链技术六项底层技术，元宇宙基础设施层、人机互动层、去中心化层、空间计算层、创作者经济层、发现层和体验层七个宏观层次，元宇宙身份、朋友、沉浸感、低延迟、多元化、随时随地、经济系统、文明八大必备要素，元宇宙财经、元宇宙金融、元宇宙经济等，都昭示着人类社会形态未来发展的可能性。

此外，本书还涉及伦理学、哲学、心理学，以及相关技术的支撑，详细阐述元宇宙的融合、产业、经济、投资、金融、管理、应用等，试图全方位多个方面为广大读者理顺虚拟世界与现实世界的连接、延伸和演变路径。

未来已来，你准备好了吗？如果还没有准备好，请读一读这本精心为您准备的《一本书读懂元宇宙》。

目 录

第三章
元宇宙的四大核心属性

第四章
元宇宙时代的五大新课题

第五章
元宇宙的六项底层技术

第六章 元宇宙的七个宏观层次

第七章 元宇宙的八大必备要素

第一章
带你快速了解元宇宙

元宇宙是互联网技术发展到一定程度之后的集大成者，由一系列先进的信息技术融合在一起，给人类社会带来了无法想象的推动力，引发了商业模式和产品功能的创新，是对人类社会和经济的赋能和重塑。

元宇宙的技术时间线

21 世纪不断涌现出新的互联网创新技术，实现了井喷式的发展，包括云计算、人工智能、大数据、数字孪生等，已经很好地融入人们的生活之中，一个技术的时代由此诞生。而元宇宙的出现，则是这些技术发展到一定程度的集大成者，是所有创新技术不断融合与发展的结果。所以，“元宇宙”的基础必然是以互联网技术为依托的。

“元宇宙”的技术主要包括五个方面：一是人工智能；二是算力技术和网络技术，包括虚拟场景、服务器、算法、网络传输等；三是电子游戏方面的技术，比如游戏引擎，可以为游戏提供程序代码和图像、动画、声音等资源；四是区块链技术，可以通过去中心化的方式，建立结算平台和价值传输体系，从而为流转和价值传递提供保障，最终形成高效、稳定和透明的运行系统；五是显示技术，主要包括 MR、VR、AR、ER 等，且这些技术需要持续不断地更新升级，感知交互功能才能实现不断深化，感受沉浸式的虚拟现实体验。

苹果手机的出现，汇聚了很多高科技的单点技术，比如高清摄像头、点触技术和 iOS 等，使得苹果手机成为多功能的智能手机，这个过程被乔布斯称为“穿项链”的过程。正如“穿项链”的原理一样，元宇宙的出现，同样是一系列单点创新技术的总和，是虚拟与现实互相交融的广泛应用。现在，我们来梳理一下元宇宙的技术时间线：

技术时间线一：1969 年，互联网诞生。

互联网的出现，为元宇宙提供了软硬件的基础，使其全球化成为可能。

技术时间线二：1989 年，制定推行的万维网标准，成为互联网技术发展的里程碑。

技术时间线三：1990 年到 1998 年，互联网用户通过字符化的电子公告牌（BBS）相互进行信息沟通，成为主要的交互方式，这个时候没有角色概念，也没有数字空间，以及数字世界环境的建设。

技术时间线四：1998 年到 2003 年，博客的诞生，标志着互联已经进入了 2.0 时代，出现了数字空间，用户也有了自己的身份和角色，被称为“数字人”。用户可以在博客上发表言论，通过图片和文字展示个人的相关信息，引起共鸣和吸引志同道合的群体。用户不只是写与看的关系，还是展示与观看的关系，在这种多重需求的推动下，博客世界不断扩大和拓展，形成独有的微观层面、中观层面和宏观层面，最终形成一个完整的数字生态系统。

技术时间线五：2004 年，随着 Facebook、QQ、微博、Twitter 的不断涌现，社交网络渐渐兴起，又形成一个独立的数字空间。人们在这个数字空间中，不仅可以进行图片、声音、视频等信息的交互，还可以形成稳定的社交关系和社交网络。

技术时间线六：2009 年，随着 3G 时代的到来，智能手机开始普及，形成了移动互联网。数字空间进一步拓展，社交网络的内容和范围越来越广泛，虚拟数字空间随着丰富的图片、声音和视频元素不断扩大。

技术时间线七：2014 年，以 Facebook 购买 Oculus 公司（一个虚拟现实）为标志性事件，使得虚拟现实一时成为热点产业。但是因为虚拟现实技术还不够成熟，所呈现的场景化、沉浸式体验还不能满足用户对虚拟技术的期望，没过几年，虚拟现实的热潮渐渐成为过去式，首次数字空间的拓展以失败告终，三维化阶段还无法实现。

技术时间线八：2014 年，4G 网络技术成熟并兴起，数字空间的内容形式发生了重大改变，由原来的视频、文字改为短视频形式，进而推动 NFT、电子商务、知识付费和虚拟货币等在社交网络上开始广泛应用并风行。

技术时间线九：2019 年，人们迎来了 5G 时代，相比 3G 和 4G 技术，5G 技术有很多的优势，比如高速度、泛在网、低时延、低功耗、万物互联、重构安全等，为经济和社会的发展带来了一场广泛而深刻的变革，使得万物互联成为现实，还可以为各行各业的发展赋能。

技术时间线十：2020 年，社交网络和数字空间在不断地演变，已经从数字政府、城市大脑、社交网络和数字空间向万物交互互联的方向持续演进。虽然当前正处于初始萌芽阶段，但在这样的时代背景下，随着开放式游戏创建平台“Roblox”的成功上市，一时让元宇宙成为一个炙手可热的名词，成为网络讨论的热点，不断有大厂布局、资本追捧，使得元宇宙身上的科幻色彩更加浓烈。

由此可见，虚拟数字世界已经不再是对现实世界的复制、模拟，而是成为拓展和延伸，让虚拟世界和现实世界的界线正在一点点变模糊。从这个视角来看，元宇宙的出现和兴起，是数字空间向三维化阶段持续进化的又一次勇敢尝试。

元宇宙的三个历史基本阶段

元宇宙的概念最初来源于一本科幻小说《雪崩》。小说描述了对现实世界和虚拟世界两个平行世界的感知，且首次提出了“元宇宙”这个概念，其具有八个显著特征，分别是沉浸感、身份、多元化、朋友、低延迟、经济系统、随地和文明。

事实上，对于“宇宙”的探讨，人类从来没有停止过，一直都伴随着人类文明史的发展。公元前450年，著作《宇宙学》（*The Great Cosmology*）诞生，由古希腊哲人留基伯撰写而成，随后他的弟子又写了《宇宙小系统》（*Little Cosmology*），正是师徒二人的这两本著作构建了古典原子论和宇宙学的基础。

在这个过程中，人们将自己的人文思想、价值观念、经济模式、技术工具和对“宇宙”的认知结合在一起，这种“宇宙”被赋予特定理念的意义背景下，“元宇宙”的发展，经历了三个基本历史阶段。

第一阶段：古典元宇宙

这个阶段的元宇宙被称为古典元宇宙，主要以艺术、文学和宗教为载体。比如西方国家的《神曲》《圣经》《蒙娜丽莎》，以及宗教音乐等，都在“元宇宙”的范围之内。其中，但丁的《神曲》是对一个至善至美的世界的想象，是饱经苦难和坎坷的人类的“精神归宿”。

第二阶段：新古典元宇宙

这个阶段的元宇宙，主要是以电脑游戏、科幻片等为载体，被称为新古典元宇宙。在这个阶段，西方国家主要有《哈利·波特》《弗兰肯斯坦》以及 1999 年全球上映的影片《黑客帝国》等。其中，由雪莱夫人著作的《黑客帝国》最为经典，剧情是看起来非常正常的现实世界，却是被计算机的人工智能系统所操控，由此《黑客帝国》成为新古典“元宇宙”发展阶段中不可忽视的里程碑。

第三阶段：智能化元宇宙

这个阶段是以游戏为主要载体的高度智能化元宇宙，属于人类的数字化生存形态，与现实世界平行，但又独立于现实世界，二者相通，人们可以在其中进行真实的工作、社交等活动。这个阶段主要的标志性技术有基于 Open3D 的“第二人生”，兼容虚拟世界、休闲游戏和用户自建内容的游戏“Roblox”和“我的世界”游戏，它们分别由美国互联网公司 Linden Lab、Roblox 公司、瑞典 Mojang Studios 公司开发。2019 年，Facebook Horizon 宣布成为社交 VR 世界、Decentraland 支持用户运营虚拟资产等，这些都是这个阶段的主要历史节点。

纵观元宇宙的三个发展历程，每一次革命性的进步都离不开技术的推动。当前，元宇宙正处于第三阶段，属于中后期，主要依靠显示技术、区块链技术、网络和算力技术、电子游戏技术、人工智能等技术集结赋能。特别是全球新冠肺炎疫情的暴发，人们开始对元宇宙进行尝试和探索，出现了虚拟教育、虚拟演唱会、虚拟偶像、虚拟研讨会、虚拟金融、虚拟创作等现象。由此可见，虽然智能化的元宇宙是从游戏中开始的，但是随着游戏技术的不断成熟与发展，这些技术开始对真实世界产生链接，边界感渐渐消除。也许在不久的将来，人们可以拥有两个身份，在虚拟世界和现实世界中不断切换，甚至可以在虚拟世界里做和现实世界一样的事情，比如学习、工作、购物、旅游、讲学等，而元宇宙的发展也将变得更加标准化、现实化和互通化。

所谓的现实感，并不是在虚拟空间里令人产生身临其境的体验和感觉，而是随着技术的不断成熟，打造一个“数字孪生”的存在，可以让很多在线互动“以假乱真”，丰富和提高人们之间的互动交流；互通性，则是指人们的虚拟存在，可以在元宇宙中自由切换，比如可以从工作空间切换到社交空间，投入一个更加开放、没有藩篱的世界；标准化，则是指元宇宙中的各个平台面向大众媒介时都是互通的，没有任何障碍，会被广泛运用和接受。比如，我们在购物买衣服的时候，不用再去服装店一件件试穿，或者在电商平台上浏览图片、文字和视频信息作为参考，导致出现差别巨大的买家秀与卖家秀。在 AR/VR 技术的帮助下，我们可以直接看到衣服在自己身上呈现出的效果，从而做出更加合理的购买决策。

截至 2020 年 12 月，据相关数据调查显示，受新冠肺炎疫情影响，全年人均每天使用手机的时长达 5.72 小时，除去睡觉时间（假设 8 小时）大约占全天时间的 36%。随着“元宇宙”的不断深入发展，人们在虚拟空间停留的时间还会大幅上升，大数据、人工智能和工业智能化等先进技术也会大大提升效率，且会大大降低现实世界的劳动力需求，人们的工作时间会大大减少。与此同时，虚拟世界会越来越丰富多彩，不再局限于娱乐，人们的工作和生活重心也会逐渐向元宇宙转移。

元宇宙的术语及其定义解读

元宇宙基于扩展现实技术提供沉浸式体验，基于数字孪生技术生成现实世界的镜像，基于区块链技术搭建经济体系，将虚拟世界与现实世界在经济系统、社交系统、身份系统上密切融合，并且允许每个用户镜像内容生产和世界编辑。

以下是清华大学新媒体研究中心《2020—2021年元宇宙发展研究报告》中对元宇宙概念的定义。简单来说，元宇宙指的是通过AR、VR等技术支持的、与现实世界平行的虚拟世界，其概念的含义主要包括三个方面。

第一个方面是打破时空上的限制。人们可以在任何时间、任何地方使用互联网，不再局限于台式电脑、手机、蓝牙、WIFI等，延时程度越来越低，传输能力大大提升，各种智能穿戴设备、家居家电、汽车飞机等都会接入互联网之中，5G和物联网则是实现这一突破的关键。

第二个方面是真实沉浸感。在元宇宙中，现实物理世界与数字虚拟世界之间没有任何的阻碍和边界，虚拟与现实结合，给人以环境的真实沉浸感，而不再是当前互联网信息技术主要依靠二维图形技术向用户传递，VR技术则是实现的关键。

第三个方面是价值的链接。当前的互联网只能做到信息的相互传递，无法实现价值的流转，区块链技术则是实现的关键核心技术之一，可以界定信息数据产权，实现自由交易，具有很强的操作性和转让性。

因此，5G、物联网、VR、AR、区块链等都被视为支撑元宇宙概念实现的技术基础。在这个全新的世界，可以把现实世界中的所有人和事都搬到云端的虚拟世界，人们可以做任何真实世界中可以做的事情，也可以做真实世界里做不到的事情。

以上是对元宇宙定义比较抽象的解读，此外还有两种掌握和认清元宇宙概念内涵的简单形式，分别是移动互联网的升级形态和云中心化的虚拟世界形态。

在“新的移动互联网”形态下，移动互联网为了实现更好的真实感、大规模以及创造性，当下一代交互设备研发并广泛应用之后，将整体发生变革，进而演变出全新的娱乐和社交形态，类同于当前移动互联网的底层逻辑。硬件入口是切入下一代互联网的关键布局点，当前很多互联网大企业已经开始入驻，比如苹果AR眼镜、谷歌推出Google Glass、微软研发Hololens、字节收购Pico、Facebook收购Oculus等。但在场景应用上，把游戏作为最初切入点的可能性比较大，一些优秀的内容供应商会打破互联网巨头占据流量、网络效应以及平台效应的优势，从而掌握更多的主动权。比如，AR 游戏 Pokemon Go，由谷歌旗下游戏工作室推出，主要依靠谷歌的渠道流量获得支持，最终其月活用户数量取得了不俗的战绩。

在“去中心化的虚拟世界”形态下，元宇宙的经济系统运行的规则、内容不是由互联网巨头等平台决定的，而是由用户和组织共同决定的。此外，用户信息和数据也只属于用户，不再与任何中心化实体有关系。最终，元宇宙可分裂为不同的小元宇宙，用户身份、数据、资产都可以跨空间同步，没有任何阻碍。

要实现元宇宙的终极形态一定要去中心化，这是因为标准和算力的因素。标准方面，元宇宙的底层经济与社会体系的理想形态应该是互相通用的，包括身份定义、产权定义、资产交易、企业定义等，这些准则是标准化的，是公开的，不受任何个体支配和改变的。当受到所有个体的认可后，进而为各种经济主体跨平台进行商业活动提供有力依据。算力方面，元宇宙需要的算力是大规模、永续性的，当前的算力根本无法满足和提供，而去中心化的计算与存储虽然存在着存储资源浪费、通信延迟、计算能力受到限制等问题，但仍然是解决算力供给问题的重要突破途径。

以上两种形式，虽然在底层逻辑上有着明显的区别，但在具体的落地执行过程中，会存在形态之间的竞争。例如，“新的移动互联网”形态可能是第二种“去中心化的虚拟世界”的前期和中期阶段，而且这种竞争会持续到 PC 时代到移动互联网时代。开放系统击败封闭系统的案例在软硬件生态构建中不在少数，因此，“去中心化的元宇宙”将有很大的概率会胜出。

两种不同的形态下，互联网与移动互联网为世界带来的价值主要取决于信息的快速交换，进而带来市场经济交易行为成本降低。终极形态下的元宇宙与移动互联网相比较，在信息交换层面并没有什么不同，但去中心化的标准与市场运营规则存在进一步降低交易成本的可能。因此，我们相信“去中心化的虚拟世界”形态下的元宇宙能够带来更多、更好的价值。

元宇宙会给我们带来什么机遇和挑战

一、元宇宙的机遇

元宇宙具有生态和协作的特点，和互联网非常相似，在开放标准上与万维网差不多，用户在元宇宙之中可以不受任何限制。元宇宙带来的机遇也同样是开放的，不管互联网巨头公司，还是个人和小企业，都可以在元宇宙中找到自己的机遇。元宇宙带来的机遇大概可以分为以下三种。

1. 模式改变的机遇

现在人人都离不开手机，智能手机已经成为人们形影不离的伴侣，甚至有的人对手机已经产生强烈的依赖性，一旦手机离开身边，就会产生分离焦虑。随着互联网技术的不断发展和深入，人机交互的模式也会更加先进和人性化，已经不再局限于用手指触控，而是可以使用语音控制、视频互动。但是到了元宇宙之中，这些技术已经多余。人与人之间的交互更加多维，随时随刻、每时每秒都可以进行交互沟通，甚至口味和气味都可以得到很好的传递。这种模式的转变会给人们带来数不尽的机遇。所以，元宇宙势必会带来一场交互模式上的革命。一些互联网巨头企业已经洞察到这个风口，开始入局元宇宙，就是为了更好地获得行业红利和有利先机。

2. 计算存储需求的机遇

在元宇宙中，人们可以借助各种平台聚在一起进行社交、购物和娱乐，与现实世界平行，提供一种全新的生活体验。但这种全新的生活体验需要大量的存储建模为前提，要实现这个目标，对计算能力和海量数据的存储需求会很高，所以，分布式计算存储需求方面的一些基础设施也会带来大量的机遇。

3. 链接通道变化的机遇

在元宇宙中，所有的有关系的链接通道都会发生变化，包括人与服务、人与人、人与商品、人与信息等。这些海量的变化之中，蕴藏着大量的机遇。比如对社交、消费、内容和游戏等内容产业，元宇宙会带来商业模式的革命和升级，进而改变所有关系的链接通道。

二、元宇宙的挑战

在元宇宙带来大量机遇的同时，挑战也会随之而来。比如，显而易见的数据和隐私保护、货币和支付系统、法律、知识产权纠纷、技术限制和用户接受度等方面的挑战。

1. 数据和隐私保护

当前，数据和个人隐私保护一直以来都受到社会各界的广泛关注，且其重要程度越来越凸显。人们在使用互联网的过程中，不可避免地涉及了很多数据和隐私的信息，在可以上天入地的元宇宙世界中，更是如此，甚至会比互联网中涉及的数据和隐私信息还要多。因为只有收集丰富多元的数据和隐私信息，才能实现元宇宙的生动与逼真。比如，在宇宙中，个人方面的数据可能会更加细化，细化到个人生理反应、脑电波图、心率等，如何协调和保护这些数据的隐私性，保证其安全性，在元宇宙中是一个非常重要的挑战，需要建立良好的机制有效保护用户数据和隐私，谨防外泄。

约 57% 的全球消费者表示，他们极度担心（31%）或很担心（26%）网络的隐私安全。这个调研采访了超过 24,000 名年龄介于 16~64 岁的互联网用户，遍布 24 个国家和地区。

这是调研机构 Centre for International Governance Innovation 和 Ipsos 在一个问卷调查中得出的结果。结果显示，不论哪个国家，在哪个地区，有一半以上的互联网用户都担心自己的隐私会被泄露出去，让自己变成透明人。只有大量的数据和信息，才能成就元宇宙的丰富与逼真，只有这样，元宇宙才能有强大的吸引力和生命力。但全球有一半多的用户有数据和隐私泄露的担心，可见这是元宇宙必然要面对的一个挑战。

2. 知识产权的纠纷

在现实世界中的很多内容创作或者与内容相关的财产，如果搬到虚拟世界中，也就是搬到元宇宙之中，知识产权的界线就会变得非常模糊。虽然从法律法规上来看，知识产权非常明确，虚拟世界的用户，必须要尊重他人的知识产权，如需转载和使用，必须要经过授权。但在元宇宙的世界中，这个知识产权的问题可能会引发大量的纠纷。这个问题，就是元宇宙给现实世界中的内容创作者们提出的挑战，如何在虚拟世界中很好地保护自己在现实世界中的知识产权。与此同时，内容创作者还会需要与元宇宙相关的公司配合，定期检查知识产权有没有被侵犯，或者元宇宙用户，可以多大程度地使用其创作的内容才不构成侵权等，这些都是元宇宙给知识产权带来的挑战。

3. 法律上的挑战

互联网的诞生已经让各个国家的法律相应地做出了调整，以更好地监管互联网上的各种违法活动。随着元宇宙的不断发展，未来也会给各个国家的法律带来相应的挑战，为了更好地监管元宇宙，同样要制定相应的法律。元宇宙中聚集着大量的用户，元宇宙成为一个链接的大平台，如果没有法律法规的监管，用户将很容易受到诈骗和攻击。所以，如何确定一整套法律体系来对元宇宙进行监管，是全世界都要面临的挑战。

元宇宙中的法律监管，并不同于现实世界，不可以照搬。如当元宇宙中出现了一些不恰当的言语和行动，如何令其受到应有的惩罚？这些都是元宇宙带来的挑战。

4. 技术上的挑战

未来，人们与元宇宙的链接是通过人工智能技术 VR/AR 来实现的，这些技术可以把虚拟的世界展示到人们的眼前，但目前这些技术还远远达不到元宇宙的需求，只能提供一些简单的听觉和视觉方面的信息，其他触觉、味觉和嗅觉等方面的感知技术，还跟不上元宇宙的发展。所以，逼真的元宇宙虚拟世界，需要强大的感知能力，才能增加体验的真实感。如何提高这种感知能力，是元宇宙面临的又一个挑战。

除了感知能力，还有识别技术。我们与虚拟世界交互，需要输入很多参数，比如语音、动作、手势等，这些主要靠传感器来实现。但这样会让真实感下降，所以如何改善和提升这种传感、识别技术，也是元宇宙将面临的挑战。

触觉反馈同样是一个具有挑战性的技术。如何让我们的身体感知到虚拟世界中存在的物体，主要通过触觉反馈来实现。但是，现实世界中的触觉反馈技术，远远无法满足元宇宙的需求。即便在影视作品中，玩家也是通过穿戴具有感触反馈的服装来感知虚拟世界中的物体。那么，人们是不是也愿意用这样的方式来感知元宇宙呢？所以，这个问题也非常有挑战性。

5. 货币和支付系统

元宇宙虽然是一个虚拟世界，但也需要用货币来维持这个世界的运转，因为货币是元宇宙中物质交换的一个媒介。那么，元宇宙中该用什么样的支付系统和货币呢，这自然也是一个非常具有挑战性的问题。如果仅仅使用任何一个国家的货币，其他国家自然会有意见，且不一定会认可。除货币之外，另一个选项就是比特币了，这种虚拟货币可以作为元宇宙的货币，但其安全性和交易的不可逆性也还是会让人担心。由此可见，一套安全性高的货币和支付系统，也是元宇宙发展面临的又一大挑战。

6. 民众接受度

有调查显示，目前 27% 的美国人以及 36% 的英国人觉得元宇宙是个可有可无的事物，对于无论是现实世界或是个人的虚拟体验都毫无影响。甚至有 29% 美国人以及 33% 的英国人根本不知道什么是元宇宙。与之形成鲜明对比的是，仅有 13% 的英国人以及 19% 的美国人认为企业应该大力拓展元宇宙的世界以及提升元宇宙的体验等，有 23% 的美国人和 17% 的英国人愿意花时间来体验元宇宙。

人们对于元宇宙的接受度能否跟得上元宇宙的发展速度，也是元宇宙发展面临的一个巨大挑战。上述数据是美国一家咨询公司进行的相关调查。1,263 接受调查的人中有 572 名来自美国，有 691 名来自英国。

由此可见，虽然元宇宙通过各种先进的技术，可以提升人们的体验感，甚至这种体验感会超越现实世界，但人们还是比较喜欢待在现实世界之中。就好像现在人们喜欢玩手机，将很多时间都花在了刷手机上，但如何让人们感觉把时间用在虚拟世界中度过并不觉得是在浪费时间，这是元宇宙面临的又一个挑战。

Facebook、腾讯等头部公司布局元宇宙

2021 年 10 月 28 日，美国 Facebook 的首席执行官马克·扎克伯格宣布，Facebook 公司要进行名字更换，取名为“元”，公司的业务不再只定位于社交平台，而是以与元宇宙相关的业务为主，而且公司的技术、应用程序都会被整合到新公司品牌下，社交媒体平台 Facebook 保留原名称。

“元宇宙”是由两个概念组成的，分别是“meta”（超越）和“universe”（宇宙），合起来就是“超越宇宙的世界”，在牛津词典中，将“元宇宙”的概念简单解释为一个虚拟现实空间，用户可在这个由电脑生成的环境中，与其他人进行即时交流和互动，甚至可以购物、娱乐和工作，做到现实世界中可以做到的和一些做不到的事情。据扎克伯格透露，Facebook 已经对元宇宙的发展进行了近十年的探索，范围涵盖社交、娱乐、游戏、健身、工作、教育和商业等领域。扎克伯格还向大家展示了 Facebook 用来构建元宇宙、实现混合现实体验的一些技术和工具。

扎克伯格介绍，Facebook 今后将以增强现实和虚拟现实等沉浸式体验

业务为主，把元宇宙带入人们的生活之中，帮助人们建立紧密联系、发展业务，拓展社交技术的又一次质的飞跃。

事实上，Facebook 进军元宇宙早在十年前就开始了。2014 年，Facebook 收购了 VR 企业 Occulus。2017 年 7 月，Facebook 市值突破 5000 亿美元。2021 年 6 月，Facebook 市值首次超过 1 万亿美元大关，与苹果、微软、亚马逊和谷歌 Alphabet 并列成为市值超过万亿美元的美国企业。

扎克伯格表示，Facebook 更名后，公司的结构、使用和共享数据的方式都和过去一样，不会发生变化，但从 2021 年第四财季开始，公司计划分为两个运营部门进行财务报告，分别是应用程序家族和现实实验室，且自 12 月 1 日起，将使用新的股票代码 MVRS 进行交易。随后，扎克伯格在一封公开信中写道，在未来十年内，预计元宇宙可以覆盖 10 亿人，其所承载的数字商务，可为数百万创作者和开发者提供就业机会，且元宇宙不是一家企业就可以实现的。

布局元宇宙的互联网公司，除了 Facebook 之外，微软也在 2021 年提出建立“企业元宇宙”的实施方案。此外，美国英佩游戏公司融资 10 亿美元，准备用来打造元宇宙。

当一众互联网巨头公司全面布局元宇宙，相关概念股一路狂涨的同时，也带来了不少质疑声。其中，呼声最大的是元宇宙的核心硬件载体 VR 头显设备市场保有量不足，成为影响元宇宙全面爆发的关键因素。

据相关市场调研结果显示，2020 年全球 VR 头显保有量尽管相比 2016–2019 年增长迅猛，但远达不到元宇宙构建所需的用户基数。但互联网巨头企业能够纷纷涉足元宇宙，一定是看到了可观的商业前景，这意味着，随着技术的不断发展和进步，元宇宙会从游戏的雏形中拓展出来，不再只局限于在游戏产业为用户提供更为舒适和逼真的体验感，而是要开发新的阵地，那就是在数字化的世界中，重新构建现实世界中存在的社交、购物和消费等多个方面。当前，互联网的红利空间已经越来越稀薄，元宇宙似乎成为互联网实现新一轮升级和增长的突破口。

有专家预言，中国的企业将有机会成为元宇宙转型成功的群体。因为中国的数字产业化在全球处于领先位置，且已经涌现出一大批比较成熟的数字企业，特别是在数字场景方面的创新、消费、社交和娱乐等领域，中国的数字企业已经发展得非常成熟，已经在虚拟现实领域有了很多的经验和探索。

未来，元宇宙将把线上和线下的边界打通，人们在现实世界的工作生活将会向虚拟世界迁移，线上和线下两种生活会融合在一起，人类的生活将会像“两栖动物”一样。随着新冠肺炎疫情的常态化防控，人们减少了现实世界中的联系和沟通，必然会加大对虚拟世界联系和沟通的需求，这为元宇宙的发展和腾飞奠定了坚实的基础。

元宇宙未来发展的六个升级趋势

我们身处一个新技术不断涌现和升级的时代，随着元宇宙快速发展的坚实基础和助推力，进而给人们的娱乐、生活和工作带来颠覆性的变化。那么，元宇宙未来会有什么样的发展趋势呢?

趋势一：创作升级

随着高科技创新技术的不断发展，将会大大提升数字内容创作的智能化水平。未来，由人工智能创作的内容将会成为产业的主流，成为主要的生产力之一，自动化生成、低代码、零代码会大大降低数字内容的创作成本和门槛，呈现大众化趋势，每个人都可以上手，并进行内容创作。

就像现在非常火爆的短视频和直播，在互联网技术还没有发展起来的时代，短视频和电视直播离不开专业技术人员的操作和参与，但现在，只要有一部手机，人人都可以创作短视频，人人都可以开直播。未来，随着高科技技术的发展和广泛应用，元宇宙的数字内容创作也同样没有门槛，将直接面向普通大众。

趋势二：体验升级

元宇宙对于媒介有不同的理解，认为它是人类感官的一种延伸，元宇宙会把人类的五官数字化，包括视觉、听觉、触觉、味觉和感觉，不断增加信息的维度，从而让数字内容的体验与人类五官的自然体验相媲美，更加真实，更加具有沉浸式。

与此同时，人机交互的方式也发生了变化，从原来的通过鼠标、键盘和按钮的方式操作机器的直接交互，转变为利用 AR/VR 技术，通过声音、体感、表情、眼球动作、肢体动作等方式与机器交互，更加自然、便捷和人性化。随着脑机接口技术的不断完善和成熟，未来我们还可以通过脑电波来控制机器。综上所述，我们的感觉体验会越来越好，更加趋于真实和自然。

趋势三：算力升级

对于元宇宙来说，最根本的基础是算力。元宇宙赋能产业、科研和治理等板块，是通过 AR/VR 技术、区块链、人工智能和物联网等高科技技术，进而促进智能经济的快速发展。所以，这些技术的广泛应用，将成为算力发展的主要驱动力，会因此产生巨大的计算资源需求。据相关数据预测，到 2030 年，AR/VR、区块链、人工智能和物联网对算力的需求规模会超过现如今规模的百倍、千倍以上，将会催生一个大算力时代的诞生。

一方面，为了让数字内容更加真实，更具有沉浸感，会有大量的 AR/VR 技术被广泛应用，以及满足大规模用户在线等都会使用算力资源；另一方面，现实世界与虚拟世界的连接交互，也需要通过智能终端、传感器等设备，这些物联网设备会实时采集和处理大量的数据，同样需要海量算力的支持。

趋势四：商业升级

元宇宙的本质就是互联网技术的整合，只是数字内容的呈现越来越与现实世界相接近。现如今的商业模式中，互联网商业模式的基础是人与信息、人与人、人与服务、人与商品的连接。随着元宇宙的出现，这些连接也会被颠覆，发生根本性的改变，甚至可以说是“场景的革命”。这些关系的颠覆与变化，也必然会带来商业模式的创新。所以，在元宇宙时代，人们的购物、消费和商务方式都会涌现出全新模式。

趋势五：决策升级

随着元宇宙的不断发展，必然也会带来信息的维度和信息资源体量的增加，人们分析信息的工具会越来越精细、越来越智能，而这两者结合起来会帮助人们进行决策，且会越来越快，预测性也会更加准确，进而有效提升我们的生活、工作、学习的效率和质量。比如，我们要购买衣服，在元宇宙时代，相关的购物系统会自动匹配与你的体型、性格和风格喜好相契合的衣服，买衣服的人都不用试穿或者亲自到店，就可以买到非常称心、合体的衣服，决策与到店自己试穿一样，更加精准。而不是像现如今在购物平台购物后，只能通过图片和别人试穿的视频来做参照，结果导致买回来的衣服与期望相差甚远。

由此可见，在元宇宙时代，人们购物的方式可能已经不再是浏览购物网站，查看商品详情这样的方式，而是带着 VR 眼镜去身临其境地购物，而商品详情也并不再是简单地看图片、视频和文字，浏览体验会更加丰富。当然，你想要什么样的查看方式，全凭自己的个人喜好，可以是长视频，也可以是短视频，也可以看直播，可以立体多角度，可以放大缩小，或者快进慢放都随你的心情。如果你看到自己不喜欢的东西，马上就可以更换主题和商家，在元宇宙的时代，所有商品都没有详情介绍，你在VR眼镜中看到的就是现实中真实的存在，没有差别，你可以更加放心地购买自己喜欢的产品。

趋势六：文明升级

对于文明来说，技术的创新与发展会助推文明的发展。当前，我们正从工业文明向数字文明进化，且正处于一个非常关键的环节，新基建的广泛布局会加快推动数据要素、信息技术的发展和整合，不仅会为即将到来的数字经济的蓬勃发展奠定基础，还会助推人类文明迈向新征程。因此，元宇宙将会带来人类文明的又一个全新的发展形态。

第二章 元宇宙的三大发展要点

元宇宙是虚拟的世界，但并不虚无。当下，虚拟偶像、虚拟主持、电商直播、教育和文旅中元宇宙元素纷纷应运而生，各大科技巨头纷纷入驻，抢先布局，元宇宙已成为当下炙手可热的一大主题。

感官延展：视觉、听觉、触觉、嗅觉和味觉

十年前，有一部叫《阿凡达》的电影引起全球轰动，导演卡梅隆向观众展示了一个超虚拟的世界，也就是潘多拉星球。这个星球中的主角阿凡达可以征战四方，能够冲破各种困难和阻力，为星球上的族人赢得和平。但事实上，这个虚拟世界中的魅影战士，却是由现实世界中一个叫杰克的男子在操控，他因为身体不方便，长年坐在轮椅上，但通过先进的技术与虚拟世界链接上之后，他就成了无所不能的战士。在这部电影的最后，男主角杰克做出了自己的选择，永远成为阿凡达，从此与人类为敌。

这部电影成为导演卡梅隆的旷世之作，因其留给观众很多震撼的场景，很多观众对电影中的高科技感兴趣，非常想将这些技术应用于现实世界。而元宇宙的出现，给人们这一理想的实现带来了希望。元宇宙的本质是人工智能技术、信息技术、互联网技术、VR、AR、ER、MR 等虚拟现实技术的整合与汇聚的成果，为人类社会实现数字化的转型提供了新路

径，拓展了人类生存的空间维度，人类将不再局限于现实世界的这一个维度，而是可以生活在现实和虚拟空间交融的一个环境中，在虚拟世界中，可以延伸出与现实世界没有区别的感官体验，主要包括视觉、听觉、触觉、嗅觉和味觉。

在过去的一百年中，人类获取信息和知识的渠道在不停地发生着变化。最初有广播的时候，我们主要靠听觉来收听信息和知识；当出现电视机之后，又从听觉转变为视听的维度。随着互联网技术的不断推陈出新，又从视听维度升级到互动维度，在这个维度，智能手机成为我们身体延伸的一部分。而在元宇宙这个虚拟空间，已经从互动升级到真实的沉浸、参与式的体验，而让这种体验成为现实，则离不开感官延伸技术的发展。

感官延伸技术会构建一个不断进化和发展的VR世界，在这个非常逼真的虚拟世界里，人类的所有感官都会参与其中，得到极为丰富的体验，从视听、味觉、嗅觉、触觉的全方位体验。随着VR技术的不断完善，不仅有触觉穿戴设备，不仅有手部的触觉，还会有肢体方面的感受和体验。据相关报道，已经有专家在制造可以提供肢体感知的背心。在一部叫《上载人生》的美剧里出现的道具中，就有一种可以帮助人们得到全身感官体验的服装，服装上布满电线、导线，穿在身上像鲨鱼皮，通过这个服装，身处现实世界中的人，可以与虚拟世界中的人亲密接触，且与现实世界中与友人在一起的感觉没有什么区别。

科学家通过对人脑的研究得出结论，感官的感知可以推动人类智慧的发展，能够促进人类大脑的进化。我们人类的视觉、听觉、触觉、嗅觉和味觉等感知，并不仅仅只是一个搜集信息和执行指令的器官和工具，而是与人类与所处的世界互动的器官，可以在互动中催生智慧。人类自诞生以来，一直在用脚和手来探索世界和未知，依此可以想象，在元宇宙的虚拟空间，我们可以利用各种延伸的感官来获得更多的新知，催生更多未知的智慧。与现实世界相媲美的虚拟世界，可以让大脑信以为真，错误地认为这就是现实世界，不会与虚拟世界做出区别，从而这种沉浸式的逼真体验可以帮助大脑形成记忆，下次再遇到这种情况时，会自然产生反应，认为这是现实世界的真实情境，从而增加大脑的智慧。

在北京有一家驾校采用了沉浸式的VR来培训学员，结果显示，学员通过的概率大大提升了。主要原因来自两个方面：一方面是虚拟的VR技术可以营造出很多逼真的极端天气场景，比如晴天、雨天、下雪路滑、堵车等，从而让学员得到更加丰富的训练，增加应变能力；另一方面，在虚拟世界中的种种体验会被大脑记住，比如刹车不及时、没有打转向、压了黄线、出现事故等，这些真实的体验要好过现实世界中教练的演练，学员会领会得特别快和特别深刻。

通过感官延展，包括视觉、听觉、触觉、嗅觉和味觉的延展，可以让人们在虚拟世界中得到更加真实的体验，而这种真实体验会让人们换位思考，用第三视角来重新观察周边的世界，从而解决复杂的问题。比如在元宇宙世界教师向学生讲解生物构造时，说到昆虫的复眼，也许对于学生来说很抽象，但如果能够通过用VR技术来体验一下昆虫的复眼看世界的感觉，就会马上领悟到知识的要领，学习效果大不相同，这会激发出学生更大的兴趣去探索，去了解。

如果把乔布斯发布的第一台苹果手机当作人机交互的新纪元，无疑元宇宙也必然会开启一个全新的人机交互新模式。在过去的人机交互模式中，是人类在迁就机器，无论是打字、触控都要按机器的要求去实现操控，但在元宇宙虚拟世界，人们的感官得到了延伸，可以用视觉、听觉、触觉、嗅觉和味觉来实现人机交互，不用人迁就机器，而是机器服务于人类，这种交互方式更人性、更自然。

经济学：所有经济活动都具有自洽性

本书前文提到美国 Facebook 把公司的名字直接改为 Meta，微软也紧跟其后，宣布加入元宇宙的阵列，并开发了第一款与元宇宙相关的产品，即微软元宇宙办公平台。这款产品的主要功能是把办公协作的功能带入元宇宙这个虚拟世界，也就是说，人们现在可以通过这款产品在元宇宙中办公，比如使用 Excel，或者用 PPT 做幻灯片。

此后，不断有互联网公司跟随 Facebook 和微软的脚步，把公司的业务范围拓展到了元宇宙，但这种公司不过是一个概念性的拓展，并没有实质性的业务和产品，只是有形无实罢了。因为元宇宙要被称为元宇宙，是有条件门槛的，需要满足两个层面的要求，分别是超越和复刻。其中，超越的意思是指元宇宙要超越现实世界，人们在元宇宙中可以做到很多在现实世界中做不到的事情。而复制的意思是指元宇宙也不是天马行空的，有一套与现实世界类似的社会运行规则和逻辑，但这套规则和逻辑与现实世界完全不相同才有其存在的价值和意义，但一些关键的规则和逻辑要与现实世界相对应，否则元宇宙很难建立起自己的公信力。

但要真正建立起一套规则和逻辑，必须在以下几个方面具有自洽性。

一、稀缺的自洽性

所谓“稀缺”，是一种矛盾，是指人的欲望与现实之间的差距。我们每天都在产生欲望，比如吃好吃的、穿漂亮的衣服、住更高档的房子等，欲望每时每刻都在产生。但这些欲望如果一味地满足，我们的钱包会受不了，总有被掏空的那一天。所以，受现实条件的限制，必须要对我们的欲望进行管理和排序，把重要的放在前边，优先进行满足，不重要的可以先放在一边或者干脆舍弃。如果一个人很难改，那么他在满足自己欲望的时候会精打细算，会讨价还价，就是为了保障自己能够尽可能得到更多想要的东西，而通过无数这样的交换，就成了供给和需求，从而产生了价格。这个过程，归根结底就是一个稀缺的理念。在现实世界中，稀缺性非常普遍，因为总是有各种各样的现实和局限。但在元宇宙中，万事万物的本质就是一串串代码，想得到什么，只需要修改代码就可以实现，哪怕是时间、生命等这些珍惜的东西也可以轻松拥有。但这并不证明，在元宇宙中稀缺性就不存在了。

“虚拟经济学”（Virtual Economics）领域的先驱、美国印第安纳大学教授爱德华·卡斯特罗诺瓦（Edward Castronova）认为，稀缺性的存在，其实是人们为了提升在虚拟世界中的体验而作出的一种人为设定。从人性上看，我们每个人都喜欢拥有自己的个性，而拥有差异化的物品就是个性在外界的一种投射。试想，如果所有的人只能够吃一样的东西、穿一样的衣服、住一样的房子，那么这个世界将是多么无聊啊！正是由于这个原因，即使从技术上看，人们完全可以在虚拟世界中获得任何自己想要的东西，他们也必须人为地制造出差异化和稀缺性。

从以上文字可以看出，卡斯特罗诺瓦的观点非常新颖，所以，在元宇宙当中，这个规则和逻辑是能够成立的。但笔者认为，在宇宙中创建稀缺性，还有一个非常重要的理由，就是要确立起人们建设元宇宙的激励基础。因为元宇宙不是静止不动的，也会不断地演化与发展升级，而推动这个过程则需要人们的共同努力。比如在一些具有元宇宙要素的网络游戏的建设，需要所有人共同来完成，而不是只靠某个公司，或者某个人来实现，而且大家配合得越好，游戏中的虚拟世界就越完美。但实现这些的前提，还是要构建出稀缺性。

二、价值的自洽性

只有产生了稀缺性，现实世界中的所有经济概念都可以在元宇宙这个虚拟世界中演化出来，随着现实世界与元宇宙世界的不断交融，各种物品也会产生相对应的价值。其实，在一些大型游戏中，已经可以看到这种现象。有一款叫“远古”的游戏，在其演变过程中，就发展出了一个价值交换的体系。在游戏中，人们把一种叫符文的道具当作一般等价物，赋予其价值，可以用它来进行交换。关键是这种交换的体系，并不是游戏的开发方确定的，而是玩家通过不断实践自己创立的，并被大量的玩家所认可，成为一种约定俗成的规律。如果在元宇宙中，因为有一个通证的体系，可以衡量一件物品到底值多少，那么这种价值的自发演化会比游戏中要演化得更快。

与游戏的区别还在于，在元宇宙当中，已经有一个现实的世界作为比较的基础，而且现实世界对元宇宙的价值自洽会产生非常重要的影响。也许，在元宇宙当中，很多的资产可以通过拍卖的方式进行初步配置，就像一些大型游戏一样，都有拍卖的概念掺杂其中。参与的玩家可以像参与真实世界的拍卖会一样，通过购买虚拟世界中的物品来拥有自己的资产。这种拍卖的形式是大型游戏交易的重要手段，而且拍卖交易价格都非常可观。2021 年在某款大型游戏中，曾有一块虚拟土地被拍出了 150 万美元的高价。所以，元宇宙中的物品价值可以通过拍卖来确定，与现实世界建立一定的锚定，元宇宙中的物品就非常容易被确定了，如此一来，交易就会变得非常公平公正。

三、货币的自洽性

物品有了自己的价值之后，元宇宙中的交易就会频繁起来。随着交易达到一定的规模之后，就不会只有物品交易这一种形式，基于货币的交易就会出现，成为一种发展的必然。在现实世界当中，货币的演化有一个过程。正如马克思在《资本论》当中所说，“金银天生不是货币，但货币天生是金银。”就是说，一般等价物可以是金银，因为它们价值稳定，方便携带，容易分割，质地均匀。人们在现实生活中，只需要携带一点金银就可以满足自己的基本交易了，带在身上，也不会感觉太沉，交易的成本很低。随着金银交易的规模不断扩大，金银慢慢被市场所淘汰，不再作为流通的货币了。于是，人们发明了纸钞，金银成为储备，可以很好地支撑纸钞的价值。通过了解现实世界当中的货币演化，我们就可以来畅想元宇宙这个虚拟世界中的货币问题。不可否定，在元宇宙当中，如果可以有货币，那么货币一定是以数字的形式出现的，携带、分割和质地等这些都可以与金银媲美，关键的问题在于这些数字货币如何保值，如何稳定，以及能够达到最小成本的交易。有专家认为，可以有两个方案来解决保值和稳定问题。

一个方案是在元宇宙当中扮演货币角色的可能是一些加密货币，比如比特币。但是，加密货币价值不稳定，显然不太满足作为流通货币的条件。而且，这种加密货币交易起来效率比较低。比如比特币，其每一笔交易都要对全网进行广播验证，自然会花费很多的时间，需要很大的算力，显然不符合流通货币的条件，特别是元宇宙的交易规模会很大，这种货币效率会跟不上人们交易的节奏。

另一个方案是开发独立的通证，只限于在元宇宙空间当中。而且这种通证要以区块链技术为基础，像比特币一样，可以采用资产进行锚定，保证这种通证的稳定性，用资产配置的方式来发行。用于配置的资产可以是加密的货币，也可以是现实世界中流通的货币，只要具有稳定的价值都可以选取，这样一来元宇宙的货币体系就构建起来了。

当然，这两个方案各有利弊，其中使不使用区块链技术作为基础非常关键。如果采用了区块链技术可以保证交易的稳定性和安全性，效率却比较低；但如果不采用区块链技术为基础，效率会提升很多，但又不能保证其安全性。当然，这种弊端可以采用抽检的方式来最大限度地避免。比如，在交易当中可以进行随机的抽查，一旦发现有造假的交易，就给予相应的重罚。虽然从理论上讲，这种处罚机制在现实世界中不太奏效，并不能从根本上消除人们的造假动机，但在虚拟世界当中却可以保证交易的安全性，能够提升交易的效率。

在这里要注意一点，如果采用第二个方案，那么元宇宙内部的通证和外部的资产相关联会产生一定的副作用，相当于取消了元宇宙的货币发行的独立性。当人们把大量的外部资产，比如人民币、美元等与元宇宙内的通证相兑换时，有可能引发元宇宙虚拟空间的通货膨胀现象，导致分配失衡。类似于在一些大型游戏中，如果一下子多了很多装备精良、战斗力超群的玩家，那么其他普通玩家的体验就会大大下降。所以，为了避免这种情况的出现，也可以通过“汇率”来调整，保证元宇宙虚拟世界里的内部货币的价格稳定。

四、生产要素的自洽性

现实世界中有生产要素的概念，比如劳动、资本和土地等，都是最为基本和重要的生产要素。那么，在元宇宙虚拟世界当中，什么才是最重要的生产要素呢？一般来说，关键的要素有两个，一个是劳动，另一个是算力。至于“土地”等概念，只是人为构建的稀缺资源，如果有了劳动和算力这两个基本要素，土地更倾向于是一种商品，而不是一种独立的生产要素。现在我们主要说说元宇宙的“劳动”这个重要的生产要素。

元宇宙相关的劳动主要分为以下三种。

第一种是体系内劳动。元宇宙作为一个虚拟空间，给人们提供的主要价值是一种体验。为了保证这种体验稳定进行，元宇宙就需要一些主要负责与人交互的非玩家角色（NPC），而担当这种角色的人就是一种劳动。如果用 AI，其互动体验可能达不到能够满足玩家需求的水平，所以，如果想保证高水平的互动，还是需要一些专业的人来担当，这就产生了劳动。一旦产生实质性的劳动，就应该和真实世界一样，可以得到一定的报酬。与此同时，在元宇宙当中，有一些任务单独一个人是完成不了的，需要很多人一起协作完成。比如在一款大型游戏当中，玩家们需要一起建设城市、一起建设社区。如果这种建设是玩家自愿的，那么就是一种单纯的协作，不需要支付报酬。但如果这种建设是定制性的需求，那就形成了一种雇佣关系，那么这种协作就变成了在元宇宙中的打工行为，可以赚到一定的报酬。

第二种劳动是支撑性的劳动。因为元宇宙的运行，是要有一定的前提和基础的。比如，需要有人来开发程序，出现问题需要有人来维护，新技术需要有人来开发等。这些劳动虽然是在元宇宙的系统之外，但是对于元宇宙而言却至关重要，缺一不可。

第三种劳动是虚拟世界内的劳动。比如在元宇宙虚拟世界中，也要写 Word、做 PPT、开会等。这些活动虽然是真实世界的延伸，但发生在元宇宙空间里就是一种虚拟世界的劳动。

综合以上三类劳动，都可以使用元宇宙内的通证来进行一定的激励。事实上，在一些大型游戏中已经有边玩边赚钱的概念。玩家可以通过自己的游戏时长来获得相应的通证，或者通过不断地打怪升级获得更多的武器装备，这些都可以获得相应的报酬。而且在这些玩家中，很多都是因为疫情暴发而失业在家的人，他们通过这种方式可以赚取一定的酬劳，作为自己的一个主要经济来源。而对于元宇宙外部的劳动，可以运用现实世界的货币来进行结算。甚至为了促进元宇宙的发展，会鼓励人们使用通证来结算，从而提高元宇宙的使用频率。此外，元宇宙发展需要的算力，可以参照比特币网络的一些做法，通过工作量来分配通证作为回报；也可以进行分布式的算力供应，能够吸引更多的普通用户，包装成游戏的形式，这样人们就可以边游戏边提供算力供应，最终获得报酬。

五、价值交换的自洽性

从构建的过程来看，元宇宙绝对不是一朝一夕的事情，需要通过独立项目的形式发展起来，类似于互联网的起源并不是一个整体的设计，而是由一个个单独的网站形成。在元宇宙中，项目都不是独立的，最终必然是联通的。人们在其中可以自由变换，这样才能体现出元宇宙的价值。但是如果这些项目打通之后，会引发一个经济上的问题，各个元宇宙的项目的规范和标准都不一样，如何实现它们之间的价值兑换？也就是说，一个人在其中一个元宇宙项目中拥有一定的资产，如何折算到另一个元宇宙当中呢？

运用现实世界的理论来看，这是一个非常复杂的换算过程，因为有去中心化金融的产生，让这个问题得到了很好的解决。现在，人们通过一些去中心化的金融产品，就可以在不同的区块链项目之间实现兑换。在元宇宙中，可以参照这一方法来进行折算，进行价值交换。但要做好风险的监控和预防，防止出现“跨宇宙”的金融风险。目前，在现实世界中，已经有人利用同区块链产品之间的设计差异，设计出了多种套利方案，公然套取了大量的财富，影响十分恶劣。

监管体系：元宇宙必须实现有效监管

据媒体报道，Meta公司于12月开放的元宇宙平台Horizon Worlds在测试期间，一名女性测试者报告了一件非常令人不安的事——她在虚拟世界里遭到了性骚扰。这名测试者称，有一个陌生人试图在广场上“摸”自己的虚拟角色。她写道，“这种（不适的）感觉比在互联网上被骚扰更为强烈”。

报道称，这并不是虚拟现实（VR）世界中发生的第一起性骚扰事件，期望元宇宙中的这些问题完全消失并不现实。只要有人躲在电脑屏幕后面逃避道德责任，这种事情就会持续发生。

根据2018年的一项针对600名每月至少使用2次VR玩家的调查显示，49%的女性和36%的男性都报告称曾遭遇过性骚扰。其中一件引发广泛讨论的事件发生在2016年，一名女性玩家乔丹·贝拉米尔在Medium论坛上写了一封公开信，描述了自己在“城堡保卫战”（QuiVR）中被性骚扰的经历。

她表示，当自己正玩得很开心时，一个陌生人突然追着她的角色乱摸。“我就在那里，被人在冰雪覆盖的堡垒里摸来摸去，而我的姐夫和丈夫还在一旁目睹了一切。”贝拉米尔在采访时表示，她当时感到的震惊与现实生活中遭遇类似事件时没有什么差别。

以上报道，为当前火热的“元宇宙”的发展提出了一个课题，在元宇宙这个虚拟世界必须实现有效的监管。元宇宙虽然是一个虚拟的世界，但却有与现实世界类似的经济和社会运作框架，自然会遇到各种各样的问题。在现实世界中，人们可以通过法律和政府来进行解决，但在元宇宙中却没有这种强有力的政府组织和法律体系，很多问题则需要通过所有参与者的自治来实现了。

从现阶段看，区块链上“分布式自主组织”（DAO）的治理实践可以为未来的元宇宙治理提供借鉴。DAO 有很多非常好的特点，比如它有自动化执行的统一规则，非常透明和公平，相关的利益者都可以实现自己的利益诉求，使用通证进行激励。也就是说，只要 DAO 设计到位，在元宇宙这个虚拟世界中一定可以调动各个方面的积极性，达到比较好的自治目标。

在这里要注意的一点是，一个有效的治理组织，其成员的地位必须是平等的。但在现实世界中，随着贫富差距的不断加深，人与人之间的经济地位存在很大的差别，这种差别会影响人们参与政治的热情。也就是说，很多国家的实践都告诉人们，很多穷人的诉求是不会被别人重视的。那么，在元宇宙当中，肯定也会有这种差别的存在。如何避免这种情况的发生呢？可以试着采用制定最低收入制度，为所有人发放能够在元宇宙生存的基本收入，只有这样才能全面调动起穷人的积极性，让他们也主动参与到元宇宙的治理中来。

至于上面案例中存在的问题，在元宇宙中肯定也会出现。那么关键就是看玩家在什么情况下会认为自己被侵犯，在元宇宙中如何才能维护住自己的受尊重、安全、接纳等感觉。如果单纯地靠游戏中的一些约定俗成的规定，转战线下来维权，则会降低元宇宙的体验。所以，在元宇宙中，通过相关的技术来进行监管是最有可能实行的解决方法。比如可以参照大型游戏的做法，为玩家设计保护自己安全的工具，当用户感到不安全或者威胁的时候，就可以启动这些工具来保护自己，直到危险解除。或者设计一些有警告意义的表情，表达受侵犯玩家的感受。此外，元宇宙大大小小的运营商也应负起作为“一线监管者”的责任，明确列出反映日常生活中普遍存在的规范。比如，在现实世界中，人们不会随意抚摸别人，应该把这一点也延伸到虚拟世界中。此外，另一个重点是限制那些用心不良的“攻击者”，能够及时发现不良玩家并暂停其行为或禁止其参与活动。

第三章
元宇宙的四大核心属性

元宇宙为人类的发展提出了另一种可能，即当文明繁荣发展到一定阶段，未来世界必然成为物理世界和虚拟世界的有机结合，而人类也将成为“半人半机器”的人，这为当前互联网的发展提供了几乎是指向性的蓝图，《雪崩》中描绘的世界正在逐步实现。

同步性和拟真性：虚拟与现实的高度同步与互通

元宇宙虽然是一个虚拟的世界，但与现实世界的关系非常紧密，且与现实是高度同步与互通的。这意味着，在元宇宙进行交互可以得到真实世界的响应，而现实世界的任何事物都可以在元宇宙中找到对应的存在，在此基础上二者不断促进发展并演化。也就是说，元宇宙虽然是基于互联网技术而存在的，但与现实世界是平行、互通的关系，可以映射现实世界的种种，是一个独立的世界，由无数的数字内容、虚拟世界组成，可以理解为是一个 3D 版的互联网，100% 渗透、一天 24 小时不间断，可以给用户提供沉浸式的体验，虚实相融，与现实世界的社交系统、经济系统、身份系统相整合，允许用户进行内容创作、生产和编辑。

元宇宙是一个组合技术，并非单一的技术，其核心的三项技术，包括扩展现实技术、数字孪生技术及区块链技术，在未来的发展中会有指数级的增长。比如，扩展现实技术可以提供沉浸式的体验，以 VR 和 AR 为基础。数字孪生技术则是把现实世界的种种带入虚拟世界中，也就是说人们可以在元宇宙中看到自己的分身。区块链技术可以构建经济体系，人们在元宇宙中可以进行交易。这三项技术都是让元宇宙与现实世界保持同步与互通，而且随着这些技术的不断发展与演变，还会更加契合与丰富，可为游戏和社交结合、零售及电商环节、工业互联网等领域带来发展机遇。

一、游戏和社交领域

受技术局限，现如今的社交平台都是2D形式的，大多只是围绕传递文字、图片和视频。平时和家人朋友出去游玩，无论是看电影、吃饭，还是看表演，除了娱乐本身，也有一种社交的互动，在活动中大家可以增进一下感情。但随着疫情的发生，这种线下社交的活动变得越来越难，于是人们对虚拟化的社交平台就有很强的用户需求。

在这种背景之下，元宇宙中类似于微信和抖音的平台就可以满足人们的这种需求，在各种虚拟的社交场景中，同样可以增进和加深人们与亲友之间的感情，与现实世界是同步的，虽然是虚拟世界里，但人们的社交关系和培养的感情却都是真实的。比如我们从泰山旅游回来，没有去过的亲朋好友不知道泰山好不好玩，只能看看我们拍回来的照片和视频。但是在元宇宙时代，我们在泰山旅游的时候，就可以带着亲朋好友的虚拟分身一起去游玩，泰山的一山一水、一草一木，他都可以看到、闻到、听到和感受到，与亲身实地旅游的效果是一样的。

二、零售及电商环节领域

我们购物只是刷一刷抖音，浏览一下淘宝，看看视频、图片和详情，或者再看看评价和别人的种草笔记，没有3D的体验。但在元宇宙当中，由于技术的发展与进步，会出现新的零售和电商形态，可以把线下的街区、商店和商品全部用立体的方式复刻到线上，用户足不出户就可以像现实世界一样去逛街、购物，在不同的商店选择自己喜欢的商品。届时，还会有虚拟的导购员为用户提供服务，与线下商店里购物没有什么区别，而且不用大包小包，物流会用最快的速度把商品送货上门。

三、工业互联网领域

2021 年初，宝马和英伟达 Omniverse 平台合作打造数字工厂，运用数字孪生技术实现线上测试，提升了规划流程的精度和效率，规划阶段效率提高约 30%，整车制造阶段达到每 56 秒生产一辆车。2021 年 8 月，特斯拉工程师展示了如何建造数字场景，模拟真实摄像头数据，并让人工智能在其中进行模拟测试和拟合。

在这个案例中，我们可以看出元宇宙并不是一个单纯的虚拟社交游戏平台，而是可以将我们的现实世界进行数字化、3D 化和立体化，现实世界的生活、工业、社会、科技迭代将大大提升效率，极致沉浸的交互体验会大大降低人力成本、资源成本、时间成本和交易成本，人与人之间的距离也会越来越近。

综上所述，每一项技术的迭代和革新都将意味着一个新的契机、新的挑战，同时也是一个新的开始。元宇宙将成为平行于现实世界的又一个空间，其本质是对现实世界的一种改造和升级，包括内容生产、经济系统、用户体验以及实体世界内容等。但要达到 100% 的同步和拟真性，还需要一个时间过程，是循序渐进的，需要共享基础设施、标准及协议的支撑，以及众多工具、平台的不断融合、进化才最终形成的，但它终将到来，主要有以下几个方面的助推力。

第一个助推力是元宇宙的浪潮已经席卷全球，它已经不只是一个学术的概念，而是由产业界、投资界、传统行业和科技巨头等共同推动实现的，并已经开始了各种动作，从侧面昭示了元宇宙已真真切切地临近，现实社会与虚拟世界同构的时代正在呼啸而至。

第二个助推力是新冠肺炎疫情的发生给人们的生活带来了巨大的变化，“宅经济”的诞生，线上生活成为常态化，很多现实社会无法实现的需求转而用线上方式来满足，加速了社会的虚拟化进程，成为人类历史上虚拟化的一个发展临界点。比如离互联网很远的老年人，也开始被迫接触互联网。一些正常的日常工作，人们选择用线上的方式来进行，包括会议和研讨；有了基本的生活物资的保障以及物流网络的畅通，人们可以十几天不出门，却仍旧可以上学和工作，这些变化都为元宇宙的诞生奠定了基础。

第三个助推力是当前全球互联网的渗透率已经达到了一定的峰值，红利已经越来越少，用户逐渐失去了兴趣，而沉浸式的虚拟世界却给人们提供了更加丰富多样的需求，产生新一轮的红利。与此同时，人工智能、VR/AR 硬件、云计算、数字孪生等关键技术也在不断地发展迭代。如果不产生新互联网形态，互联网的发展就会面临内卷化的瓶颈，在传播方式、内容载体、参与感、交互方式和互动性等方面缺乏突破，导致“没有发展的增长”状况出现。

开源性和创造性：制定相关标准，扩展元宇宙边际

元宇宙的实现，不只是现实世界的复制，不再是传统的在线视频会议、网络游戏等形式，更多的是利用高实时性、高沉浸感和高互动性来解决人与人之间的沟通和交流，用户将是数以万计甚至上亿级用户量级需求。

在这个过程中，会遇到价值、伦理、道德、原则等方面的管控问题，需要相关部门制定相关的标准和规范，将有序的监管纳入元宇宙当中，保障其健康发展。比如现阶段，元宇宙的不同参与者持续丰富它的内容，需要警惕伦理风险、资本绑架和立法监管空白等方面的问题。特别是元宇宙构建初期，很多公司为了利益利用元宇宙进行圈钱，什么内容都和元宇宙挂钩，导致很多泡沫、负面现象的出现。

与此同时，相关专家认为，随着时间的不断发展，元宇宙必然会成为一个开放设施、建立在共享开源协议基础上的，且会取代传统的一些封闭平台，其具有开源性和创造性，能够帮助更多的人走出旧的经济秩序，进

入开放的元宇宙世界当中。

一、技术发展方面

互联网技术的一个显著特点就是可以让事物之间能够随时随地进行交流。那么，在元宇宙中必然会让这种交流更加畅通，而不是出现壁垒。不会出现很多个虚拟世界，但这些虚拟世界之间却是不互通的，不能从一个虚拟世界进入另一个虚拟世界，或者这些世界之间彼此不兼容，那元宇宙就不会给人们提供好的沉浸式体验。所以，技术上的发展会有效拓展这种开放性的边际。

二、社会性方面

元宇宙是一个创新的机会，能够让人们在现实之外再建立一个更加理想、更加公平的虚拟世界，具有更加成熟规范的商业模式和规则，每一个参与者都可以在这里保护好自己的隐私，从自己创作的内容中得到应得的报酬，现实世界不太完美的东西都会以更加完美的形式出现。所以，真正受益的是内容创作者，而不是虚拟平台的创立者，人人都是消费者和创作者。所以，从社会性方面来说，元宇宙的开源性和创造性会让更多的人参与进来。

从目前元宇宙的发展态势来看，有两种形态正在成为主导，一种是由封闭平台主导的元宇宙，另一种是建立在开放协议之上的元宇宙。虽然我们不知道这两种形式是以共存的形式出现，还是竞争的形式出现，还是淘汰的形式出现，但开放与封闭的区别仅仅在于技术、平台方对代码和数据的开放程度，即它们是否拥有独立的封闭经济体，是否允许价值在其体系内的转移，是否能够控制基础经济的财政和货币政策等。

但元宇宙必然是开放性的、具有创造性的载体，这一点很多人都坚信。这种坚信来源于技术上的推理。随着区块链技术和共享数据基础设施，以及它们所支持的新的开放经济系统的不断发展，虚拟现实（VR）、物联网（IoT）、增强现实（AR）和人工智能（AI）持续相互作用，不断相互加强，最终会形成一个全新的网络。这个网络虽然尚处于初始阶段，但是已经开始发挥自己强大的、正在不断去中心化、践行用户为中心的原则，致力于保护用户的数据和财富主权。

这个全新的网络，可以看作是一个开放的元宇宙通用操作系统，存在于软件、用户和硬件之间，其间任何东西都是互通的，数据共享，可以被传递和继承。正是元宇宙的开源和创造性，才推动元宇宙不断地进化升级。

综上所述，元宇宙的开源和创造性代表着技术和平台化的开源，与此同时，元宇宙的发展进化离不开用户的创造，以及不断扩大元宇宙的发展范围和边际。当然，开源和创造并不是天马行空，为所欲为，而是要通过制定相关的标准、规范和协议，对代码进行不同的封装和模块化，这样需求不同的用户都可以在元宇宙中找到自己的创造点，最终形成原生、虚拟的世界，元宇宙的边际也会不断进行拓展。

永续性：以开源的方式运行并无限期持续

元宇宙的发展是持续进行的，不会突然暂停，而且是以开源的方式无期限地运转，如同我们所处的现实世界一样，一切都在无声无息地发展和更新着，这将是一个持续且永无止境的过程。

根据相关专家预测，元宇宙的未来将分为两个阶段：第一个阶段的元宇宙主要集中在娱乐和社交领域，其主流形态以游戏、内涵体验和虚拟社交为主；第二阶段主要集中在沉浸式互联网的赋能上，元宇宙会赋能现实世界的工业、社交和连接方式等，明显提升效率，趋向系统数字化，彻底改变人们的工作和生活方式，最终将进化和演变为一个全新的网络虚拟世界，线下、线上互联互通，出现新的文明和经济形式，开启人类社会的发展新纪元。

一、实现元宇宙的永续性两个主要因素

1. 公平

2021 年国内游戏的收入超过 3，000 亿元，“梦幻西游”“逆水寒”等

网游中最贵的账号有千万元甚至过亿元充值，但行业关于“虚拟资产”的争议不断。首先，大部分厂商虽会明示虚拟资产的“获得概率”，但玩家却无从确认概率的准确性（暗改是潜规则），同时对资产的发行量和获得者（俗称托）无从了解、无法确认资产的“实际价值”。其次，几乎所有厂商都曾因“随意封号”被告上法院，他们拥有玩家账号的随意处置权，一旦封号，你的虚拟资产将被永久销毁，实际上这些“资产”并不属于你。最后，当“虚拟世界”被停服，他们并不会提供现金补偿，大量充值直接归零、账号保值率极低，成为击鼓传花的游戏。今天，你在虚拟世界的资产并不属于你，无法确权也就不存在任何价值，这个观念已经深入人心。

Second Life（下文称 SL）对虚拟世界的经济体做了非常浪漫主义（或叫冒险主义）的尝试，“林登币”和美元可以稳定兑换，每年有数千万美元的收入在 SL 中产生。官方对于法币汇率的限制和现在 Tether（USDT）的逻辑一样，但 SL 里“林登币”拥有的金融场景，却没有 Bitcoin/Ethereum 的协议支持——这些协议限定了通胀 / 通缩的规则，包括发行和销毁，看到交易产生的实际收益和风险（Defi），并提供分布式账本和开发生态。结果，SL 里大量的“虚拟银行”承诺 40%~100% 的年利率，很快在挤兑中归零。

从以上文字可以看出，在元宇宙当中，公平性主要体现在稳定的供需关系、透明且有效的资产确权和健康而持续的经济系统，而这也是元宇宙能够永续的一个重要因素。为什么很多大型网络游戏不能实现永续，活不过三个月，其重要的原因就是做不到这些。比如，“魔兽世界”之所以被很多玩家抛弃，其主要原因就是一些打金工作室可以把打金卖给玩家，导致魔兽世界里的做任务奖励变得很鸡肋，最后出现了通货膨胀。还有一款叫“动森”的网络游戏，玩家们在扩建家园时需要“铃钱”，而这些“铃钱”只需要技术人员做一些修改就可以将“铃钱”销售出去，普通玩家在感觉到“不公平”之后就会放弃玩这个游戏。

2. 自生长

真实世界事实本身就是一个永续性的“元宇宙”，每天都是太阳从东边升起，又从西边落下，万物按照一年四季的顺序不停地繁衍生息，永远不会停止转动，哪怕人类灭亡也不会停止，不以人的意志为改变和迁移。

传统的数字内容的生产需要采用大量的人力做筛选和推荐，试图呈现每个人都“喜闻乐见”的内容形态。但在元宇宙中，所有的数字内容都由算力来交付，所有的分配都是由协议履约，人只要索取自己的快乐就好，而这种形式才有永续性。因为人力的筛选和推荐总会受到多方面因素的限制，比如喜好、能力和文化素养等，人的创造空间有限。但在元宇宙当中，人将不会再受这些限制，会获得更大的创造空间，普通人的创造力会被发挥到最大，而这就是让元宇宙永续的源源不断的自生长力。

拥有自生长因素的元宇宙，是现实世界的无限延伸，万物自身的内生变化、互相影响，治理机构的自适应，以及更未来的无限内容。

二、元宇宙永续性的四个方面

2021 年是元宇宙的元年，也是各大互联网公司抢占赛道的一年，那么 2022 年以及一段时期之内，元宇宙的永续性主要从以下四个方面进行。

1. 娱乐化属性会渐渐强化

在游戏、内容等领域，元宇宙会把它们作为主要阵地，进而吸引更多的用户来体验和参与，最终积攒下一定数量的种子用户，成为元宇宙的原住民，提供具有沉浸感的内容体验是这个时期最为重要的形态之一，很多普通用户会为了更好的体验而参与进来。

2. 出现元宇宙概念社群

在社交、游戏的基础上，还会出现元宇宙概念的社群。很多发烧友会非常热衷于建立自己的元宇宙概念社群，使得用户在体验时更有安全感。也许，在元宇宙会出现一个超级结构，类似于超媒体、社群的形式，可以将不同的互联网和门户网站链接在一起。

3. 网络速度不断迭代

随着 5G 的兴起，人们的生活会因此发生显著的改变。也许，未来还会有 6G、7G 的出现，以更快的速度、更高速的运转、更高速的通信都将成为元宇宙的基础条件。当然，只有当网络中的所有参与者都能进行实时共享，元宇宙才算真正到来。

4. 数字经济与实体经济融合

伴随着元宇宙中的产业应用升级，数字资产与实物资产映射孪生，产业场景的应用将是元宇宙最为关键的应用场景。在这个过程中，交易的范围和主体都会发生变化，不仅在人与人之间发生，人与机器、机器与机器之间的交易也会频繁发生，到那个时候，产业升级不再只是一个环节的升级，而是每个环节都要实现完全的数字化。

闭环经济系统：驱动元宇宙不断发展的引擎

元宇宙本身是一个虚拟的世界，在这个世界中，人们完全过着和现实世界不一样的生活，比如可以不用吃饭、不用应酬、不用生病，甚至不会死去，主要集中在创造、交流和体验等方面。再比如在一个虚拟的大型网络游戏中，玩家们从早上起床开始就会到游戏中，可以随处聊天、溜达，虽然不能一起吃早餐，但是并不妨碍这些玩家们聚在一起聊天。他们还是会到一些餐厅中打卡，聊聊美食、养生等话题。有商业思维的玩家就会制作很多美丽的衣服和食谱之类的东西，其他玩家如果喜欢便可以购买。

由此可见，元宇宙也和大型游戏一样，如果想要不断地体验，那么无论是在其中工作、娱乐还是体验，都要有统一的货币支撑。也就是说，玩家可以兑换一定的货币，在元宇宙消费。而区块链则会为元宇宙经济系统的构建奠定基础，只有建立起封闭经济系统，才能够为元宇宙的发展提供不竭的发展引擎和动力。

在元宇宙的封闭经济系统中，所有的商品都是虚拟的，是数字型的商品。这种类型的商品，其定义、价值衡量和交换方式都与现实世界有着很大的区别。过去，我们的经济学主流都是研究以实际物质为原料的产品，是以其生产、流通、消费为核心内容的经济学。但随着数字经济的不断发展，出现了越来越多的数字为载体的产品，比如短视频、电影、游戏等，在这些数字产品中，一些皮肤、道具、背景音乐等都需要购买，这就是数字产品。

数字产品分为三大类：第一类数字产品是信息和娱乐产品，如纸上信息产品、产品信息、图像图形、音频产品和视频产品等；第二类数字产品是象征、符号和概念，如航班、音乐会、体育场的订票过程，支票、电子货币、信用卡等财务工具等；第三类数字产品是过程和服务，如政府服务、信件和传真、电子消费、远程教育和交互式服务、交互式娱乐等。

同样是数字产品，因为使用场景、场景和生产场景的不同，其价值也不同。比如对于皮肤这个概念，电影中是在现实世界中制作，在现实世界中消费；游戏中则是在现实世界中制作，在虚拟世界中消费。但数字产品的创造、交易、消费等行为都是在数字世界中进行的经济活动，我们称之为元宇宙的封闭经济。在一些大型网络游戏中，我们已经看到了元宇宙封闭经济系统的雏形，知道了元宇宙封闭经济系统的构建，主要包含以下四个方面。

一、数字创造

数字化的产品是元宇宙经济体系的基础，如何创造出更多高质量有创意的数字化商品，是元宇宙的关键问题。因为没有好的创造，就不会有后面的体验、交易和互换。所以，数字商品创造的创意性和丰富度，是支撑元宇宙能否可持续发展的重要衡量尺度。在元宇宙中，所有的商品都是不存在的虚拟产品，是通过程序创造出来的代码和数据，是完全数字化的。所以，如何让更多的人参与进来，进行内容创造，是元宇宙所构建经济系统的第一个核心问题，需要满足数量与质量的双重标准。比如在某款大型网络游戏平台，用户只需要通过键盘和鼠标的简单操作，就可以实现内容的创造，不需要专业的技术人员参与，就可以达到专业化的代码创作，大大加快了数字内容的创造效率。

二、数字资产

通过数字创造产生的一些数字化的内容在形成一定规模之后，可以变成数字资产，确定产权归属之后，就可以为元宇宙的封闭经济系统中的数字交易提供基础支撑。在元宇宙中，数字资产可分为两种方式产生，一种是专业内容 ，另一种是用户内容。前者要通过专业的团队和技术人员来完成，有一定的难度和门槛。后者则是由大量的普通用户来完成，没有什么门槛和难度。这两种数字内容生产出来之后，进行产权归属，就可以进行资产交易和转移了。

三、数字市场

有了一定规模的数字资产，明确了产权，就可以构建数字市场了。数字市场是数字资产交易的主要平台，能够满足所有不同用户的不同交易需求。只有构建起数字市场，有了规范系统的交易体系，才可以把元宇宙的数字资产盘活。相反，没有市场，就没有交易，没有交易，数字资产就不会流通，没有流通，封闭经济系统就是死水一潭，进而影响到元宇宙的整个生态健康，甚至元宇宙的存亡。

四、数字货币

有了数据市场之后就要进行交易，但交易的前提是有一种被所有用户认可的媒介。如果没有媒介，交易只能是以物易物，没有标准，交易的效率也比较低。所以，数字货币作为中间交易的媒介是最好的选择，可以对交易的尺度进行很好的衡量。

而基于区块链锁构建的数字货币，则为元宇宙平台的交易提供了去中心化的便捷的交易介质。为了方便用户交易，在元宇宙中，用户不会有现实经济交易中的银行账号、账户等内容，而是通过数字货币，进行简单快捷的交易，公平公正，非常合理。这样一来，围绕上文的四个核心要素，通过创造数字内容、形成数字资产、确定数字资产的产权、建立数字市场、进行数字产权确定，通过数字货币进行交易，最终实现产权转移，就可以构建出一个良好、健康、稳定的元宇宙经济体系了。

第四章
元宇宙时代的五大新课题

元宇宙是一个具有可信任的身份认证和资产价值的虚拟世界，能够实现对现实世界底层逻辑的复制，用户可以进行娱乐、社交、创作、学习、教育、交易等活动，这些对于任何人来说都是全新的课题。

哲学思辨：对哲学观点的重新认知

在一个有着长长通道的洞穴里，有一些面朝洞穴墙壁坐着的囚徒。他们被束缚着不能转身，只能看着墙壁。在他们身后有一堆火，在火焰和这些人中间有一道矮墙，另一些人躲在矮墙后面操作着木偶和其他的物件。这些木偶被操纵着舞动，但从不发出声音。于是，这些囚徒只能看见洞穴后壁上来回移动的影子，他们一直以为这些影子就是现实中的事物。

直到有一天，其中的一个囚徒被解除了桎梏，转身看到了火光照耀下的木偶，才知道他们以前看到的都只是这些木偶的影子。他走出洞穴，看到阳光照耀下的世界万物，才知道那些木偶也不是真正的事物本身，它们只不过是人与自然的仿品。在一阵光照对眼睛带来的刺痛之后，他抬头看见了太阳，同时也看到了最为鲜活的世间万物。

这段文字是柏拉图在《理想国》第七卷中的一个隐喻，告诉人们，在对世界不断深入探索的过程中，人们的认知不断被新的世界颠覆，一次次发现过往的局限之处。正如哥白尼的日心说，一提出就遭到了教会的反对，却不想这个在当时看起来疯狂的理论，却成为后来天文学的基础，孕育出了真正意义的现代科学。所以，新的科学发现往往会带来一个崭新的时代，但时代的进步却并不是只靠某一领域的新发现。今天，元宇宙还只是一个不成熟的状态，但很多人已经从中看到了一个全新的世界，让资本和学界足够疯狂。那么，理清“元宇宙是什么”“元宇宙有什么”等一些哲学思辨，显得愈发重要。

第一个哲学思辨：元宇宙会让人们迷失其中吗?

1981 年，希拉里·普特南在他的《理性、真理与历史》中提出了这样的一个猜想：把一个人的脑从身体上切了下来，放进一个盛有维持脑存活营养液的缸中。脑的神经末梢连接在计算机上，这台计算机按照程序向脑传送信息，以使他保持一切完全正常的幻觉。对于他来说，似乎人、物体、天空还都存在，自身的运动、身体感觉都可以输入。这个脑还可以被输入或截取记忆。

这个大胆猜想在《黑客帝国》电影中被当作剧情呈现了出来。在电影中，人类被 AI 放到营养液中，通过 AI 伪造的各种看到的、听到的、摸到的、经历的各种场景，让人类误以为自己还生活在现实世界当中。那么，在元宇宙即将到来的未来，人们如何能够分清现实和虚拟，进而又不迷失在虚拟世界当中呢?

对于这个问题，本人可以给出答案，这种现象不存在。如果要操控和呈现一个完整的世界，离不开一套完整且成体系的现实动作法则。

元宇宙就是一个技术载体，无数先进的互联网技术按照一定的规则和秩序整合而成，它本身是没有任何意义的，赋予其意义的只有人类。马斯洛需求理论早就指出人类最终的需求是精神上的需求，而且人类沉浸在自己的精神世界中已经并不是开创性的事情了。在没有进入电子时代之前，人类会沉浸在音乐、图画和文字等虚拟的事物中，得到精神上的慰藉。每时每刻发生的各种经济活动中，有很多元素也是虚拟的，比如价值、货币等。也就是说，人类需要的不只是从现实世界中获得物质，更需要在虚拟世界中找到心灵的粮食，人是需要精神与物质共同驱动的存在。只有物质，没有精神，人类的文明将失去生机和灵魂，且人类还会为了获得更多的物质而陷入战争和掠夺。

反过来，精神世界也会影响人类在现实世界中的活动，包括情感活动、经济活动和物理活动。试想，如果没有《嫦娥奔月》《月宫玉兔》等美丽传说，人们会对登月产生好奇吗？如果没有文艺复兴，人们会有探索大自然的动力吗？所以，人类不会迷失在元宇宙当中。

第二个哲学思辨：元宇宙会诞生真正的 AI 吗？

计算机之父阿兰·图灵是 AI 诞生的关键人物，他曾发表过一篇论文，定义的“可计算性”，并提出了“图灵机”设想，从数理逻辑上为现代计算机的出现开创了理论先河。

在论文《机器能思考吗》这篇论文中，图灵提出了一种判定机器是否具有智能的实验方法——图灵测试。随后，在 1956 年的达特茅斯会议上，人工智能概念被提出。在之后的十余年内，研究者们开始广泛研究人工智能技术，并取得了瞩目的成就。1959 年，第一台工业机器人诞生。1964

年，第一个聊天机器人也诞生了。

AI 在设计思路上经历了行为主义（输入命令控制反馈）、符号逻辑主义（利用符号运算模拟人类思维方式）和神经网络深度学习（利用大量数据让系统自动拟合出最符合结果的模型），其本质仍然是不同类型的图灵机。

图灵机是一个虚拟的机器，它可以模拟计算机的任何算法。假设有一个长度无限的纸带，纸带上面的每个格子是空白的，但是可以读写数据，以此来模拟计算机内存。在纸带的上方有一个能够识别数据和做出反应的机器。机器只能写 0 和 1，或者什么也不写。

这个机器有一个探头，这个头可以移动到每一个空格上。根据探头看到的数据不同，机器可以做出三种操作。机器首先会读取下面的数据，写一个新数据，根据指令移动纸带向左或者向右，然后继续重复这个过程。这就是一个包含三个信号的图灵机。

根据以上描述，AI 的智能化过程简单来说就是一个计算机内部的算法问题，根据不同的外界因素，不断地输出答案，然后再回答下一个问题，直到给出所有答案。虽然，人类在现实生活中也在不断地解决各种各样的问题，但人与图灵机有一个重要的区别就是人有主体性。人类不会无休止地“回答问题”，会有自己的思考、情绪和决定，图灵机没有。也就是说，能够主动地发现和解决问题最终产生自我意识，这是 AI 的终极命题，如果解决了这个问题，AI 才有可能与人脑媲美。但从目前来看，AI 只能作为一种辅助工具存在。

文明体系：价值取向、制度设计、确定秩序等

文明，是人类历史上积累下来的有利于认识、适应客观世界、符合人类精神追求、被多数人认可和接受的人文精神、发明创造的总和，是社会行为和自然行为构成的集合，至少包括了家族、工具、语言、文字、宗教、城市、乡村和国家等。

这是关于文明的定义，与现实世界的文明区别在于元宇宙的文明是虚拟的。在元宇宙的虚拟世界中，不同的人都以虚拟的替身形式出现，生活娱乐在一起，设定规则，创造数字资产，建立组织结构，逐渐演化成一个文明社会。因此，元宇宙中的文明形态虽然与现实世界相类似，但也独具特点，将会给我们带来新的文明体系，其主要表现在以下几个方面。

一、新金融

技术创新的应用成果之一就是新金融，为新技术更加广泛的应用提供了强有力的保障。而与元宇宙相匹配的“去中心化的可编程性”数字新金融体系将为元宇宙的可持续性发展提供关键的源动力。

二、新技术

元宇宙的驱动和运行是以互联网技术为前提的，所以，建设元宇宙的关键就是能够保持技术创新和发展。当前，大数据、人工智能、云计算、AR、VR等信息技术已经渐趋成熟，相互整合，这些都为元宇宙的构建奠定了基础。随着这些新技术的不断涌现和创新，元宇宙也会不断壮大迭代。

三、新组织

互联网时代的企业可以通过期权的形式，让员工能够共享公司壮大的价值，实现了分配方式和组织方式的创新，从而让组织迸发出巨大的活力，这种活动也为互联网的繁荣奠定了基础。到了元宇宙时代，主流的组织方式是经济社群，每个人都有机会参与到分配机制当中，把自己的价值最大化，社群的生态价值也因此最大化，从而促进元宇宙的繁荣。

四、新商业

互联网时代的商业模式是双边市场、平台经济等全新的商业模式，可以去中心化，把全球的买家和卖家都连接起来，形成一个国际化的大市场，可以为社会提供和创造无数创业和就业的机会。而在元宇宙中，实体经济与数字经济已经深度融合在一起，产业全面资产化，数字化，商业模式将被颠覆，突破资源条件的限制和约束，形成全新的财富创造机制。

五、新经济

随着元宇宙规则的完善，必然会诞生一个新的经济体系。互联网时代，数字经济从理论走向了现实，并成为各国经济发展的动能。而在元宇宙时代，升级版的数字经济新形态会出现，并且会形成真正的智能经济体，从而开启全新的经济周期。

六、新规则

一直以来，很多国家和地区针对互联网行业制定了相关的法律和法规，出台了很多的政策，主要包括两个方面：一方面是数字经济发展方面的；另一方面是保护个人隐私方面的。这两个方面都是为了维持互联网的良好秩序，打击垄断行为的。而元宇宙虽然是一个虚拟空间，但是其数字资产、数字内容也会有产权归属等问题的出现。因此，各个国家必然会在智能合约的基础上，出台多针对元宇宙的法律法规和政策，从而让元宇宙的发展更加健康稳定。

这六个方面的创新和改变，将会改变人们的生活方式和社会面貌，元宇宙让虚拟世界与现实世界无缝对接，让数字经济赋能实体经济，让数字生活渗透社会生活，让数字资产整合实体资产，数字身份与现实身份合二为一，从而引领人类走向一个更加伟大的数字文明，带来更多翻天覆地的变化。

第一，元宇宙与餐饮业。在元宇宙时代，美食的功能会更加多元化，功能不再只是局限于看着菜单点餐，也不是在手机上看图片和视频点外卖，而是进入到虚拟的餐厅中，闻得见气味、看得到制作过程、听得到别人的评价等，在此基础上再下单购买。此外，我们还可以到世界各地旅游，体会不同国家和地域的饮食风情，甚至一些餐饮的连锁和加盟业务。

第二，元宇宙与智能家居。元宇宙会把人的脑电波、物质和思维相互连接在一起，形成真正的智能化，靠意念、眼神和动作就可以实现智能化。而不是通过语音，让机器人帮你打开音响，打开窗帘，也不用再通过手机来操作空调、洗衣机、电饭煲和扫地机器人等，不用再触碰任何软件。

第三，元宇宙与经营管理。在元宇宙中，你不用每天挤地铁上下班，也不用每天打卡，天天写工作日报，看领导的脸色领薪水，你将成为一个独立的个体，在家里就可以完成自己的工作，可以和很多公司合作，完全实现精神上的自由。

第四，元宇宙与社交。在元宇宙中，你的朋友不再局限于同学、同事和朋友等，你可以按自己的喜好，和世界上的任何人成为朋友，不再受时空的限制，只要跟着自己的意念就可以见到任何想见的人。

第五，元宇宙与交通。在元宇宙中，交通这个概念将会消失，因为你不需要出行，只需要意念就可以到达，你躺在床上就可以看到世界各地的风景，看见当地任何一个想去的景点，甚至可以找到和自己兴趣相投的朋友。

经济规则：制定元宇宙内在的经济规则

规则，一般指由群众共同制定、公认或由代表人统一制定并通过的，由群体里的所有成员一起遵守的条例和章程。它存在三种形式：明规则、潜规则和元规则。无论哪种规则只要违背善恶的道德必须严惩不贷以维护世间和谐；明规则是有明文规定的规则，存在需要不断完善的局限性；潜规则是无明文规定的规则，约定俗成无局限性，可弥补明规则不足之处；元规则是相对于“潜规则”“明规则”而言的，即暴力竞争的胜利者说了算。

从规则的定义我们可以看出，元宇宙作为一个新生的事物，其规则也是一种元规则。但这种元规则不是靠暴力竞争解决问题的规则，而是有其新的含义，即可以调整元宇宙中各方面的关系，被相关法律法规所认可的规则，具有自治性。元宇宙中的规则至少应包括技术规则与社会规则，主要有两个方面的原因。

一方面，元宇宙是一个虚拟的世界，主要靠计算机技术汇聚而成，包括算法、代码、硬件、存储等方面技术和设备，那么这些技术设备就要遵守一定的规则才能有序、协调地发挥出自己的作用，更好地支撑元宇宙的运行。

另一方面，元宇宙虽然是一个虚拟的空间，但也是需要现实中的人类参与其中，才有存在的意义。只有社交、交易、娱乐、商业、经济等都需要规则进行规范，才能让元宇宙中新建立起的新社会稳定健康有序。这些规则可以渗透在代码中，也可以作为公序良俗存在于元宇宙中的方方面面。只有这样，与现实世界有紧密关系的元宇宙，才能在元规则的支撑下与现实社会建立起更加稳固的关系。

这些规则需要元宇宙的所有参与者共同来制定。虽然一直以来，人类社会的发展中，制定规则的一般都是主权国家的统治者，但在元宇宙中，无论是国家、行业巨头都无法拥有绝对的规则制定权威，他们制定的规则只会对元宇宙产生一些影响，却不会作为主导。如此，在元宇宙中，每个参与者都是规则的制定者。比如通过创造独特的活动、创意、玩法，制定相关的规则，获得他人的认可，就可以创立属于自己的元宇宙王国，进而吸引更多有共识的人加入自己的元宇宙王国，这才是玩宇宙应有的正确打开方式。

综观对元宇宙的诸多看法和观点以及应用实践来看，元宇宙的所有规则都应包括价值取向、制度选择和秩序等内容。其中最重要的经济规则应包括避免内在垄断，尊重其他元宇宙居民的权利等内容。

元宇宙内在的经济规则，主要的作用是消除贫富差距。在元宇宙中，根本不存在社会阶段的分类，在这里一切都没有实物，都是虚拟经济，可以对所有的数字经济创新成果进行移植和试验，包括各类数字货币、试验合作经济、共享经济和普惠金融，而这些行为能将现实世界中无法改变的“贫富差距”彻底消除掉。

中国移动。2021 年 10 月 15 日，“中国移动通信联合会元宇宙产业委员会（CMCA-MCC）”获批成立，成为全国首个元宇宙机构，推动了元宇宙产业的健康发展，共筑了一个“元宇宙共识圈”。

中国电信。2021 年 11 月 12 日，广州召开了“中国电信 5G 创新应用合作论坛”，成功启动了 2022 年“盘古计划”。该计划的内容共涉及三个层面的内容：业务层面、生态层面、资本层面。

在业务层面，开放了融媒体云平台，丰富了元宇宙的产品与内容矩阵，包括虚拟人、云 VR/AR、云游戏、XR 数字文博、XR 娱乐空间站、元宇宙音乐等。

在生态层面，成为元宇宙行业的建设整合者、协同创新者、服务集成者，实现了“内容 + 平台 + 终端 + 渠道”等多维度的深度捆绑，制定了行业标准，打造了爆款内容，实现了联动渠道的终端升级。

在资本层面，积极进行产品孵化，中国电信、中国文化产业投资母基金等企业共同发起设立了央视融媒体产业投资基金，专注于 5G、超高清、人工智能、云计算、区块链等前沿应用，为新媒体和新业态等提供扶持。

从以上内容可以看出，为了达成元宇宙共识并建立规则，中国移动和中国电信一直都在努力。未来在元宇宙中，根本不可能存在垄断，这是由元宇宙的基因所决定的。因为元宇宙不属于任何人，而是无数的参与者共同创作的结果，每个人都有自己个性且独立的身份，拥有自己的固定圈层和社交关系，且可以在这里通过创作数字内容为元宇宙添砖加瓦，也可以享受沉浸式的精神世界，通过组建社区、建造城市、构建社会规则，继而演化出另一个文明社会。此外，每个人都应尊重其他元宇宙居民的权利，不能攻击、诽谤或损害其他居民的人身权益。

正面互动：维系现实世界和元宇宙之间的正面互动

在元宇宙中，人们可以多出一个生存的空间，同时存在于真实与虚拟融合的世界中，无限延伸人的神经感知和意识。也就是说，在元宇宙的社会活动和生活方式中，人类可以在元宇宙这个虚拟世界中得到更多的满足和幸福，并最终将这些感受带回到现实世界中，对现实世界的工作和生活产生积极的影响，这就是现实世界与元宇宙之间最基本的正面互动之一。此外，还体现在三个方面。

一、在技术创新和协作方面

在智能化经济的不断推动下，再加上疫情经济的作用，现在的产品越来越重视个性化，重视线上销售和互动，这对于传统的制造业来说是一个非常大的挑战。但如果能够把元宇宙与现实世界的制造业相融合，在技术创新和协作方面加强正面互动，就会助力企业自身智能化的转型。

几年前，联想开始智能化转型，通过“端—边—云—网—智”全覆盖的新 IT 架构，将数字孪生技术应用于销售、计划、采购、生产、交付、服务的各个场景，比如MBD解决方案、数字化工艺解决方案、产品工程化仿真方案、智能仓储解决方案、智能包装解决方案、智能城配路线解决方案、物流网络选址解决方案。

在产品设计的流程中，传统方式中，由于产品设计团队多、跨专业，试制品整合需要大量的时间和精力，联想的MBD解决方案可以充分利用信息系统的优势，将相应单学科设计软件工具的设计图样，集成至PTC的Winchill PLM，形成3D数字化样机。

3D数字化样机具有可视化的特点，可以让设计团队在完整的视图中评审产品，排除问题，简直像上帝视角，这一应用也大幅提高了设计团队的效率和设计品质。

在生产运营流程中，传统方式的研发设计与制造工艺数据分开独立管理运行，这就造成了信息不对称，很容易导致停线、重工、上市推迟等损失。联想打破了从研发到制造的“数据孤岛”，通过建立物理产品的数字映射，基于产品使用过程中产生的数据形成闭环反馈和优化，打造了数字化工艺解决方案，该方案的应用场景主要包括：

（1）研发人员可以实时查看产品在工厂产线的工序工艺等制造信息；

（2）工厂工艺或制造工程师可以实时查看产品的研发图档、设计要求等研发信息；

（3）根据订单配置不同，实时生成对应的最佳工艺序列，以可视化的方式呈现给产线员工；

（4）工厂可以实时收到变更信息，自动更新产线的可视化工艺。

在生产运营流程中，为了构建从产品设计到生产规划、生产工程、生产执行、服务支持的全价值链数字化体系，联想还有一个产品工程化数字方案。产品工程化仿真是指物理产品在虚拟空间的数字模型，这个数字模型不仅和现实世界的物理产品形似，能模拟产品的实际运行，还能通过产品在包装过程中反馈的数据，反映出产品运行状况，乃至改变产品形态。在该方案中，产品工程验证阶段，制造工程人员可以通过设计图纸仿真提前发现设计问题并进行研发优化，制造工艺人员能够提前规划产能及设备的布置，在整个产品的生命周期内，制造工程人员还可以通过仿真工具分析问题并找到解决方案。

通过对数字孪生仿真工具的使用，该方案能切实为企业带来从研发量产周期到生产效率再到产品质量的全方位提升。比如，缩短 10%~20% 的上市时间，制造效率提升 10%~20%，制造成本降低 10%~20%，质量提升 15%~20%。

从上面文字中我们看到，联想集团靠着数字孪生技术的运用，在人工成本高居不下、用户对质量要求增加、新原材料使用等压力之下，大大提升了生产效率，能够在一个很短的时间内保障充足的产能，为企业的生产找到了一条技术突破之路。那么，未来在元宇宙中，这种通过新技术实现突破的概率会呈几何指数级的增加，那么所有传统企业的生产效率自然会无限提升。

二、催生新技术新业态新模式方面

从 2021 年元宇宙元年开始，元宇宙已经成为世界的焦点，作为一个全新的模式，必然会催生一系列的新技术、新业态、新模式。下面，我们围绕四个方面进行重点阐述。

1. 教育方面

元宇宙可以突破学生对知识的理解和接受方式。任何知识都不再局限于多媒体和书本等形式，学生可以身临其境地看到宇宙大爆炸、重大历史事件、地球公转、各种奇妙的化学反应、登月、航海等现象和事件，还可以参与其中以旁观的身份有一种真实体验。当前，美国国家航空航天局已经将这种虚拟体验运用到对宇宙知识的广泛普及，可以让人们真实体验穿跃银河系，抵达另一个平行世界。

2. 旅游业方面

元宇宙中的旅行已经不需要再出行、换乘交通工具，不用长途跋涉，而是在家里就可以与身边的人一起体验各个旅游景点的风光，虚拟导游会提供详细的讲解，与真实的旅游体验没有什么区别。

3. 农产品产业发展方面

在元宇宙中，任何的农产品都可以溯源，在哪块土地上播种，什么品牌的种子，有没有施化肥，如何收割加工，如何包装、发货等，都会让买家看到，进而增加产品与客户之间的黏性。

4. 社交沟通

随着新冠肺炎疫情的传播，人们的社交受限，很大程度上增加了人们之间的网络社交沟通，比如线上会议、线上研讨会等。在传统的线上视频会议中，人的形象都比较呆板，动作缓慢，展示单一，无形中影响了人们的社交沟通。但如果在元宇宙中，就可以突破这些限制，让交流变得更加生动，和面对面没有什么区别。此外，元宇宙还会给我们的生活带来很多方面的改变。

三、重构工作生活方式方面

毫无疑问，元宇宙不仅会影响人们的工作和日常生活，还会对整个社会产生根本性的影响。下面，我们来盘点一下元宇宙在未来可能会改变我们生活的一些方式。

1. 用户不会被偷拍

在新冠肺炎疫情防控期间，有一名公司的高管在视频会议中因为没有穿外裤而被摄像机拍到，让员工看得清清楚楚，很是尴尬。但在元宇宙当中，这种现象根本不会发生，因为人们都是以虚拟替身的方式出现，你可以不洗脸、不洗澡、不讲究穿搭与别人见面、聚会和聊天，完全不受现实限制，可以随意放松自我。

2. “家庭教育”可能有一个全新的含义

新冠肺炎疫情期间，为了减少感染疫情蔓延的风险，很多学生不得不居家学习，这也为学校和整个教育界提出了新的沟通、协作和评估的方法。但在元宇宙中则不受时空的限制，学生可以人在家，由虚拟替身到教室正常上课，和同学老师像在现实世界一样正常沟通交流，不用担心交叉感染，而且接受知识的过程会接近游戏化，非常轻松。韩国某高级科学技术研究所表示，拥有最好的数字基础设施和精通互联网的大学，在未来将成为新一流的大学。

3. 网上购物

网上购物已经相当方便了，像亚马逊这样的平台提供了快速送货和多种品牌可供选择。然而，仍然有一些问题需要解决，比如精确的尺寸、退款过程中的小故障。

如今，印度一家销售眼镜的电子商务公司已经采取了虚拟试戴的措施，使用摄像机显示不同的眼镜架，戴上就能有很好的体验。进一步来看，你不仅仅是为自己买东西，虚拟时尚和虚拟形象皮肤的新概念将出现，取而代之的是可能只存在于网上的时装公司和品牌。

随着人们工作时间的改变，虚拟环境中的试穿试戴可能变得更加重要，你的虚拟形象在元宇宙中可能会为你挑选正确的服饰。

4. 旅行和旅游

因为新冠肺炎疫情的暴发，旅行受到了限制，但是，古希腊和埃及VR旅游变得很受欢迎。在元宇宙中，人们可以跨越国境而不必离开自己的家，还可以让时间倒退。

此外，你不需要长途跋涉，从而节省了经济预算和燃料。对于想在国际大学学习的学生来说，费用将随着住宿和旅行需求的降低而大幅降低。

5. 线上聚会和音乐会

Houseparty、Netflix Party、Eventbrite和Instagram都推出了一系列新功能，允许用户在新冠肺炎疫情期间进行更多的视频互动，这只是少数几款App，其试图改变人们在家里的聚会方式。

从很多方面来看，这比在现实生活中参加聚会要容易得多。然而，它确实缺乏真实生活派对的“外观和感受”。元宇宙正在寻找弥合这一鸿沟的方法，说唱歌手SnoopDogg甚至在“Sandbox”中重建了自己的豪宅，并向用户提供贵宾票，让他们参加自己的音乐会。

6. 在元宇宙中冒险

随着VR技术的进步，我们可以体验刺激的活动。例如，十个相距遥远的朋友可以去参与皮划艇、赛车、爬山、跳伞、坐过山车等活动，甚至去太空旅行。

现如今，像“第二人生”（Second Life）、“星战前夜”（EVE Online）、“我的世界”（Minecraft）等游戏已经让用户体验到它的有趣。一个完全虚拟的世界可以对现实世界进行复刻，并且拥有社会的功能和规模经济。

7. 改变我们与计算机的互动方式

触摸屏已经出现了几十年，后来通过iPhone才进入大众市场，为日常生活带来了很大的变化。如果任何形式的VR硬件在“元宇宙”之后变得更加普及，也许，未来我们在空中移动手指操控计算机会变得十分寻常。

三方共建：政府、资本和民众共同参与创建元宇宙

为了进一步探索元宇宙，美国成立了第一家元宇宙公司 Roblox。这家公司认为，构建元宇宙至少要满足 8 个关键特征：身份、朋友、沉浸感、随时随地、多样性、低延迟、经济和文明。元宇宙概念因为这家公司的存在得到了进一步细化。

在拥抱元宇宙的同时，美国的监管机构重点关注数据安全和隐私保护问题。毕竟在元宇宙中，不论是用户直接提供的，还是间接产生的信息数据，如生物特征、位置和银行信息、消费习惯、游戏习惯等，都属于数据安全和隐私保护的范畴。

为了遏制数据滥用和隐私泄露，美国的监管机构采取了执法行动：2018 年，美国联邦贸易委员会 (Federal Trade Commission) 对 Facebook 的消费者数据泄露行为处以 50 亿美元的罚款，并对这个社交媒体平台实施了更严格的隐私限制。监管部门的重拳出击让互联公司不得不更加谨慎地对待用户数据。在采取执法行动的同时，美国的监管机构就数据安全提出了

设想：美国商品期货交易委员会（CFTC）委员 Brian Quintenz 建议，如果智能合约代码很明显可以预见会被美国人用于违反 CFTC 规定，智能合约的代码开发人员可能被起诉。监管部门的这个建议引发人们对区块链项目开发过程中数据安全的广泛关注。

从以上文字中我们可以看出，作为元宇宙的先驱者，美国已经开始对元宇宙的数据安全和隐私保护问题进行关注。除美国政府之外，韩国政府、俄罗斯政府、中国政府也开始积极探索元宇宙。

韩国政府成立了元宇宙协会，已经有两百多家企业入驻，其中不乏三星这样的知名企业。此外，韩国政府还对外宣布，将倾力打造元宇宙平台，在全球范围内成为首个提供元宇宙服务的政府。

另外，韩国政府也开始尝试将元宇宙运用到旅游业中，并出台方案，明确将利用元宇宙平台，构建融合韩国主要景点、人气影视剧取景地等的“韩国旅游宇宙平台”，推进元宇宙等虚拟旅游与实际访客智慧旅游相结合的体系。据相关统计，截至 2021 年 10 月，韩国元宇宙项目共吸引了约 3 亿美元的资金流入。由此可见，韩国是元宇宙领域的领航者，政府的积极探索给元宇宙在该国的发展创造了良好的政策条件。

2021 年 10 月底，美国硅谷的 Facebook 公司宣布改名为 Meta。他们在移动互联网时代大放异彩，开始拥抱新一代的沉浸式互联网时代。移动互联网时代，我们可以随时随地用智能手机去联系某人，和他语音互动或视频对话。而在元宇宙时代，我们可以进入一个三维的场景。通过机器和人脑神经元的连接，我们甚至可以在虚拟世界中拥有视觉、味觉、嗅觉、触觉的全方位感官体验，仿佛置身真实世界。如果脑机连接达到了这个技术水平，那么相关设备甚至还可以通过调节多巴胺等激素来控制我们的情绪。创造世界、改变规则、控制情绪、体验感官，这里面每一种都包含着人类巨大的想象力空间，也是资本大肆炒作的元宇宙概念。

可以看出，当前的互联网已经开始内卷化，很多内容高度同质化，因此流失了很多的用户。而元宇宙可以为互联网市场打开一个新的突破口。随着新冠肺炎疫情的暴发，又加速推进了人们数字化生活的进程，人们纷纷将工作和生活娱乐往线上迁移。此时，人们对有沉浸式体验的元宇宙产生了新的需求。而通过一个新的概念和机会，吸引投资然后获得回报和利润，这是资本逐利的手段。

Mate 宣布 2022 年将会投入 340 亿美元，对“元宇宙”愿景的扩展进行投资，其中 50 亿至 90 亿美元用来投资人工智能，人工智能离不开芯片，包括亚马逊、微软、谷歌这些互联网巨头的数据处理服务器使用的都是英伟达（NVIDIA）和超微（AMD）的芯片。而 Mate 前不久也成为超微旗下 Epyc 服务器芯片的新客户。由此可见，无论“元宇宙”成功与否，芯片都是绕不开的关键，而芯片制造商则是背后最大的受益者。

除此之外，英伟达和超微已经为“元宇宙”这条赛道开辟了专门的部门和规划，其中英伟达会专注于图形处理器 GPU 的研发和突破，以增强和加速人工智能在数据处理方面的能力，而超微也在前不久正式推出了自家研发的第二代人工智能数据处理 GPU 芯片。相信随着“元宇宙”的持续进化，还会有更多的芯片制造商加入这场资本争夺战中。

由此可见，早早介入元宇宙的领域，无异是加入了一场重新划分互联网地盘和权势的新圈地运动，获取大量用户的信任之后，后期如何变现收费就不是什么问题了。

元宇宙的创立离不开大量硬件设备、资金投资、科研人才、软件技术等方面的支持。但元宇宙能否得到进一步的发展，最重要的在于不断自我迭代和更新，而这取决于不同构建方的支持和建设。所以，元宇宙至少有两个或者三个构建方，包括政府、资本和民众。政府部门、行业协会负责构建公共的元宇宙，这些元宇宙各个国家都有，最终会像互联网一样打通互联，构成一个全球性的元宇宙。一些企业也可以建立自己的元宇宙，家庭或者个人也可以构建一个私有的元宇宙。在各个构建方的共同努力下，最终会建立一个大的元宇宙。

第五章
元宇宙的六项底层技术

元宇宙是一个互联网技术的集大成者，可以用一个英文单词 BIGANT(大蚂蚁)来概括。B 指区块链技术 (Blockchain)，I 指交互技术 (Interactivity)，G 指电子游戏技术 (Game)，A 指人工智能技术 (AI)，N 指网络及运算技术 (Network)，T 指物联网技术 (Internet of Things)。

芯片技术：构建元宇宙虚拟世界的“核芯”

脸书的创始人扎克伯格宣布公司改名为“Meta”之后，随即便公开发表了一封长信对元宇宙进行了阐述。他先是对元宇宙中的生活进行了表述，表示人们在元宇宙当中，通过先进的技术手段，将给人们提供社交、购物、工作、学习、玩耍等全新的体验，这种体验就是沉浸式的体验，可以让人感觉在虚拟世界与朋友在一起与现实世界面对面相处没什么分别，这将是所有元宇宙社交软件的终极目标。

此外，扎克伯格还特别提出了“全息图”，可以让人们瞬间实现场景转换，比如在办公室、好友聚会、陪伴家人、旅行等活动中不断切换。这让人不禁想起虚拟偶像“初音未来”的演唱会，凭借全息图出现在万千歌迷面前。此外，人们为了纪念已故歌星邓丽君，在一次演唱会上，也用这种方式让她“复活”了一次。

一位旅居美国的朋友体验了用 Meta 的元宇宙产品开会。先做个对比，普通的网络会议，无论是借助 Zoom，还是腾讯会议、钉钉、飞书等工具，视频在线、语音连接、打字聊天等都是通过电脑屏幕做交互，而 Meta 的元宇宙会议产品由几个要件构成：

硬件方面，每个人都要准备一个 VR 头盔 Oculus Quest 2，每个头盔上需预装 VR 的会议服务软件 Horizon Workrooms，才能进入元宇宙会议。进入会议的每个人，预先挑选心仪的“卡通”形象代表自己，在走到会议主持人预定好的“房间”时，便出现各种“卡通人”围坐在一张会议桌前的情景。这位朋友描述，他在家里的桌子上怎么操作电脑，在 Horizon Workrooms 的会议室里，也几乎实现同步显示，例如打开会议记录本、打开微信回复信息、打开工作邮箱等，元宇宙中的那个“他”与线下自己的完全行为同步。

这只是一个开会的场景，事实上，元宇宙还有很多让人兴奋和新奇的地方。但无论哪种玩法，哪种方式的真实体验，都离不开芯片。因为支撑元宇宙实现这些沉浸式体验的是云计算架构，还有元宇宙中的“去中心化”概念，都需要庞大的算力为基础。此外，还有很多 AI 因素，以及它所强调的“沉浸式”体验，与用户密切相关，一个是 VR 设备，另一个是 AR 设备，里面包括了我们和用户端的图像处理，都是用户端 AI 的处理。

知名歌手在游戏“堡垒之夜”中，以虚拟形象举办的一场虚拟演唱会，吸引了全球超过 1200 万玩家参与其中，打破了娱乐与游戏的边界；受到新冠肺炎疫情影响，美国加州大学伯克利分校、中国传媒大学动画与数字学院不约而同地在沙盘游戏“我的世界”里重建校园，学生们以虚拟化身齐聚一堂，完成“云毕业典礼”，实现了虚拟游戏和现实社交的融合。

这些都需要专用和通用芯片来实现。所以，把芯片技术称为构建元宇宙虚拟世界的“核芯”一点也不夸张。虽然全球要参与“元宇宙”的企业越来越多，但是能从“元宇宙”这个概念中真正获利从目前来看只有一种行业，那就是芯片。芯片技术是决定科技实际应用的关键路径，如果芯片技术无法突破，那元宇宙就可能无法实际落地应用，从而使元宇宙只能看上去很美，却不具有任何实际的意义。

网络通信技术：元宇宙天然依赖于网络通信技术

5G 网络是网络速度大幅度提升的关键因素，能够给人们带来更快、更便捷的上网体验，同时也让元宇宙实现了“随时随地”“低延迟”的特点。

元宇宙的实现离不开数字技术，只有通过数字技术才能把现实世界呈现在虚拟世界中，但要想体验更加拟真的感受，将现实与虚拟世界很好地整合在一起，需借助庞大的数据量。只有刷新率达到 120Hz（赫兹）、分辨率为 16K（分辨率），人眼才能看清楚什么是虚拟的，什么是现实的，但是达到这样的技术水平，每秒的数据量就要高达 15GB（千兆字节）。所以，5G 网络的发展与广泛应用为元宇宙奠定了技术基础，只有真正实现了万物互联，元宇宙的虚实融合才能找到实现的途径。

5G 网络通信技术的特点就是高速度、低功耗、低时延、万物互联等。比如人们在大型网络游戏中进行实时互动时，其低延时的特点直接提升了用户的游戏体验。此外，一些智能设备、可穿戴设备也因为 5G 网络通信技术的出现加快了人类进入智能时代的步伐，进而成功运用 VR、AR、MR

等技术打开元宇宙的大门。

随着 5G 建设的不断推进，可以对元宇宙的用户提供两个方面的便捷：一方面，元宇宙通过 5G 网络通信技术，可以大大提升用户沉浸式体验的拟真性；另一方面，5G 网络通信技术可以助推元宇宙的发展，并促进其与现实世界融合发展。主要体现在以下几个方面。

一、“5G + 云计算”让元宇宙成为可能

如果在元宇宙开展日常的工作、生活场景，那么就需要强大的算力支持才能实现，云计算则为元宇宙提供了这方面的技术支持。比如在各种大型云游戏中，因为 5G 的运用，能够率先有大范围的落地。在云端对游戏的渲染和内核的运算过程先传输到云端之后，再把最终的结果以视频的形式返到用户的终端，用户通过移动设备才能获得良好的 3A 级游戏体验，完全颠覆打破了对配置、终端设备性能方面的要求壁垒，大大提升了对元宇宙进行大范围渗透的可能性。

在算力领域，因为 5G 的出现，云计算能力和硬件计算能力的不断发展和提升，会不断升级用户的体验，趋于低时延、高拟真。硬件计算能力因为 5G 的加持，其 GPU 计算能力也在不断地突破，可以让云游戏和元宇宙的显示效果更好，看起来更加逼真。此外，通过边缘云计算，对终端设备性能的要求也会降低，这样能够大大提高渗透率。而且通过加强边缘计算节点，可以有效缩短信息传输的距离，让元宇宙网络传输的时延问题得到有效的解决。

二、“5G + XR”开启了元宇宙“芯”入口

“绿洲是主人公一手打造的虚拟游戏世界，在这里唯一限制你的，是自己的想象力。”

这是一部科幻电影中非常经典的一句台词，能够对元宇宙的概念进行很好的诠释。事实上，在现实世界中对于元宇宙的理解，很多人的想法和这部电影中主人公的台词是一样的，他们认为元宇宙就是电影中的“绿洲”。那么，要通往这个“绿洲”，只有通过“5G+XR”这个入口。其中XR是元宇宙时代的硬件VR、AR、MR融合在一起的统称。

在2021年的世界VR产业大会上，中国移动创新发布虚拟VR生态系统合作体系、AR数字孪生云平台、移动云VR平台，现场展出20多项前沿科技，涵盖工业、医疗、文旅、教育、智慧城市等多个领域。

中国电信以“夯实XR新基建拥抱智慧新生活”为主题，设置了品牌宣传区、智慧家庭区、5G能力区、云VR体验区、行业应用区等五大区域。其将5G+VR/AR技术应用到智慧文博，实现了交互手段的创新，策划出沉浸式游览线路、巨幕影院和VR游戏等几个项目。

中国联通携手VR动感单车、VR滑雪机、VR射击对战等5G + XR创新应用，跟随联通5G星球聚合运营服务平台精彩亮相。

当前三大网络通信运营商正用实际行动来证明，在5G技术的加持下，VR等XR类技术将成为元宇宙的入口，引领一个全新时代的到来。

三、“5G+数字孪生技术”伸展元宇宙应用场景

玛氏是一家糖果、宠物护理和食品公司，已创建了其生产供应链的数字孪生，以支持其业务工作。该公司正在使用微软 Azure 云和 AI 技术来处理和分析由其制造基地生产设备所生成的数据。

“我们将数字化视为一个巨大的业务加速器，”玛氏公司首席数字官桑迪普·达德拉尼 (Sandeep Dadlani) 说，“我们不是为了数字化而进行数字化。”

在埃森哲咨询公司数字化制造和运营顾问的帮助下，玛氏公司正在使用微软的“Azure 数字孪生物联网服务”来增强其 160 个制造基地的运营工作。该公司正在创建软件模拟以提高产能和流程控制，包括通过预测性维护来增加设备的正常运行时间，以及减少与设备产生不一致包装产品数量相关的浪费。通过使用数字孪生结构，玛氏公司还可以生成一个虚拟的“用例应用商店”，该应用商店可以在其各业务部门中重复使用。展望未来，该公司计划使用数字孪生数据来思考影响其产品的气候及其他情况因素，从而更好地了解从产品源头到消费者这一供应链。

在 5G 网络通信技术的推动下，数字孪生已经成为当前推动各行业转型发展的重要技术。通过运用“5G+数字孪生技术”，在元宇宙中不仅能实现对现实的复刻，还可以有效扩大数字孪生的应用范围。在新基础设施建设的背景下，5G 赋能未来的关键技术就是数字孪生，且已经在多个场

景中得到了实践和运用。《中国5G城市数字孪生白皮书》通过分享数字孪生技术在各个行业中的应用实践，表明数字孪生技术正在不断实现标准化。

在元宇宙中，5G+数字孪生的应用场景会更加丰富多彩，在5G+数字孪生技术的推动下，元宇宙完全可以成为现实。

虚拟现实技术：VR、AR、MR、XR不可或缺

虚拟现实技术是一种以计算机技术为载体，通过软件资源、配套硬件实现的一种人与计算机的交流与沟通。虚拟现实技术主要由以下几个技术组合交融而成。

一、VR 技术

在科学研究、课堂教学、科室实验、情景化测试等场景中，都可以看到 VR 技术的身影。通过这项技术，科学家可以在虚拟的环境中做各种现实世界中特别危险和不被许可的试验。学生可以不再局限于课堂，而是以到更加生动和广阔的空间获取知识，飞行机、驾驶员可以在各种危机和突发的情况下开展训练，积累丰富的驾驶经验，而不必担心突发事件的发生。

二、AR 技术

AR 不像 VR 一样，可以给人一种完全沉浸于虚拟世界的体验，将用户完全拉入其中，进行沉浸式的体验。AR 可以让用户与现实世界的交互

增强，提升效率，其具有使用方便、可视化等特点，能让 AR 迅速应用到各个行业用于改善流程方法。比如，某科技公司研发的 AE 智慧课本，学生扫描了课本上的图标之后，在手机上就可以显示相应的模型和内容，里面有动态解说和演示；某博物馆把展示内容应用了 AR 技术，参观者只需要一个手势，就可以看到丰富、生动、有趣的展示内容。

三、MR 技术

MR 技术集成了 VR 和 AR 的最优特征，融合了产生新的应用场景，实现了数字对象与物理对象的自然交互。比如一些比较枯燥、单调的学习，就可以把 MR 技术应用到其中，把一些内容进行形象化地呈现和讲解，大大降低了学生学习的难度，从而加深记忆；而且还可以让学生在虚拟的世界中，与相关的人物、事件进行身临其境的体验，进行更加直观的学习，这大大提高了学生学习的兴趣和热情，让学生不再觉得这些课程枯燥乏味。

四、XR 技术

XR 技术是一种扩展现实的技术，通过计算机与可穿戴设备产生一个交互的环境，实现人与计算机、真实与虚拟的交互，是 AR、VR、MR 等多种技术的整合使用，进而将现实世界与虚拟世界相结合，给参与者提供一种“沉浸式”的体验。

此外，还有交互技术，又称交互设计，缩写为 IXD，是“设计交互式数字产品、环境、系统和服务的实践”，这种交互技术包括设计、人机交互和软件开发等。

这些技术相互整合在一起，为元宇宙提供了沉浸式虚拟现实体验，缺一不可。在元宇宙中，VR 虚拟现实技术可以让参与元宇宙的人非常直观地看到虚拟世界，通过戴上头显，就可以让用户沉浸其中，可以随意活动，参加各种活动，与现实世界的体验没什么两样。AR 可以将虚拟世界的万千事物都复制、投射在现实世界中，类似于 Niantic 的口袋妖怪、Snapchat 的跳舞热狗、谷歌眼镜、脸书的 Ray-BanStories 或 Snapchat 的 Spectacles 的 AR 连接眼镜等穿戴设备。MR 混合现实技术综合了 VR 和 AR 的元素，通过 MR 技术，人们可以在现实世界与虚拟世界之间交互，比如 Snapchat 的跳舞热狗，哪怕在桌子边缘上跳也不会掉到地上。

元宇宙中还会用到全息影像技术，这是当前摄影技术的升级版，它可以记录光线，然后直接透射全息图、彩虹全息图和 3D 全息图，可以把一些虚拟的物体飘浮在空中或站在附近的表面上，从四面八方都可见这个物体。这样，元宇宙中的用户无论在显示器的哪个方向走动，都可以看到非常逼真的全方位图像。

脑机交互也称脑机接口（BCI），也被称为神经控制接口（NCI）、心—机界面（MMI）、直接神经接口（DNI），是指在大脑或外部装置之间的直接通信通道增强。脑机交互常常用来映射、协助、加强和修复人类认知或感觉运动的功能。元宇宙满足人的需求的沉浸感，离不开脑机交互技术的采集，通过采集人脑的脑电波信号的方式，可以对元宇宙中的虚拟场景下指令，从而不用动手操作，体验会更加智能。

在以上技术的支撑下，元宇宙成为一个巨大的共享虚拟空间，个人可以在其中与虚拟环境和其他的用户进行交互，从而真正生活在一个平行于现实世界的虚拟世界当中。

虚拟现实技术作为构建元宇宙的核心技术，要实现对元宇宙的所有设想，虚拟现实技术还需要经历四个发展阶段。第一个阶段和第二个阶段分别是基础应用阶段和补充应用阶段，在内容以及互动性方面都比较单一；第三个阶段为泛行业应用阶段，也是当前虚拟现实技术的发展的方向，因为挖掘出了虚拟现实的应用价值，被广泛应用在工业和医疗等方面，提升了应用行业的工作效率；第四个阶段为应用生态构建阶段，这也是实现元宇宙的阶段，具有高互动、高沉浸、高渗透等特点，虚拟现实技术将会涵盖元宇宙的所有领域，其所具有的价值都将会得到进一步提升。

计算技术：云计算、雾计算、边缘计算

2002 年亚马逊启用了 Amazon Web Services（AWS）平台，这项免费服务可以让企业将 Amazon.com 的功能整合到自家网站上。2003 年，亚马逊决定做一个公共基础设施服务平台，让内外部开发者可以基于这个平台开发自己的应用。随后，他们整理了一系列可以成为公共服务的候选模块，并从中挑了服务器、存储和数据库三个部分。不仅因为这三个需求最多，还因为 Amazon 最擅长这部分，毕竟低利润率商业模式让它在如何降低数据中心的运营成本上颇有积累。2006 年，亚马逊推出了两款重磅产品，分别是 S3（Simple Storage Service，简单存储服务）和 EC2（Elastic Cloud Computer，弹性云计算），从而奠定了自家云计算服务的基石，直至今日都无人可以撼动。

谷歌在 2003-2006 年连续发表了四篇重磅文章，内容分别为分布式文件系统（GFS）、并行计算（MapReduce）、数据管理（Big Table）和分布式资源管理（Chubby）。这些关键技术不仅奠定了谷歌自家的云计算服

务基础，也为全世界云计算、大数据的发展指明了方向。2006 年，27 岁的 Google 高级工程师克里斯托夫·比希利亚第一次向 Google 董事长兼 CEO 施密特提出“云端计算”的想法。在施密特的支持下，Google 推出了“Google 101 计划”，并正式提出“云”的概念。至此，云计算揭开了神秘的面纱，正式来到公众的面前。

以上文字告诉了我们云计算的前世今生，之后，云计算进入了快速发展阶段，并最终渗透到人们的工作和生活的各个领域，也成为支撑元宇宙运作的重要技术，可以保证元宇宙中大规模用户数据的低延时和实时更新。

比如在云游戏中，其游戏方式都是建立在“云计算”基础上的，云端的服务器是所有游戏的运行核心之处，游戏画面通过云端服务器的压缩后再传给游戏的用户端。这样，游戏端的玩家不用借助任何设备就可以拥有非常好的游戏体验，只需要一个基础的解码器，就能大大降低游戏的门槛。

但在传统的计算方式中，由于服务器受限于宽带和网速，存在非常严重的高延迟、低带宽和网络不稳定等问题，云计算则很好地避免了这些问题，实现了网络的稳定、高速、低时延。之后，随着算力技术的不断发展，云计算之后又出现了雾计算和边缘计算。

雾计算，英文称为 Fog Computing，在雾计算的模式中，所有的数据、数据处理和相关的应用程序都是集中在网络边缘的设备之中，而不像云计算那样，都是集中保存于云端，被誉为“最贴近地面的云”，比云计算更贴近用户端。

雾计算除了数据处理方式与云计算有所区别之外，在服务器方面并非由强大的服务器组成，而是由更为分散、性能较弱的分散性各类功能计算机组成。雾计算是在云计算上的一种延伸，其主要设备都是一些边缘的网络设备，低时延特点明显。当前，雾计算的分布十分辽阔，拥有大量的网络节点，形成规模巨大的传感器网络，移动性稳定，在一些移动设备上可以直接通信，信号传输距离较短，非常适合在手机和移动设备之间使用，可充分满足它们的移动性需求。

雾计算属于新一代的分布式计算，与互联网“去中心化”的特点十分契合。自这个概念被提出之后，已经有很多全球知名的互联网科技公司加入其中，组成了公益组织开放雾联盟，主要是为了加快推进雾计算普及的进程，比如戴尔、微软和英特尔等公司。在未来，雾计算将成为元宇宙中不可缺少的基本技术，雾计算中的个人云、私有云、企业云等小型云，能够让元宇宙中数不胜数的单个计算节点发挥作用，改变网络计算的动作方式，不再围绕网络中心动作，而是扩展到网络的边缘，从而得到范围更加广泛的应用，使得元宇宙中可以有更加广泛的节点接入。

随着万物联网的趋势不断加深，智能手机、智能眼镜等端设备的数量不断增加，使数据的增长速度远远超过了网络带宽的增速；同时，增强现实、无人驾驶等众多新应用的出现对延迟提出了更高的要求。边缘计算将网络边缘上的计算、网络与存储资源组成统一的平台为用户提供服务，使数据在源头附近就能得到及时有效的处理。这种模式不同于云计算要将所有数据传输到数据中心，绕过了网络带宽与延迟的瓶颈。

在元宇宙中，每天都会产生规模海量的数据，如果单靠云计算和雾计算，远远赶不上元宇宙的数据处理需求，同时元宇宙中复杂的网络环境，需要网络延迟要有实质性的突破。因此，要克服速度和延迟这两个瓶颈问题，自然离不开边缘计算技术。

边缘计算中的边缘指的是网络边缘上的计算和存储资源，这里的网络边缘与数据中心相对，无论是从地理距离还是网络距离上来看都更贴近用户。边缘计算则是利用这些资源在网络边缘为用户提供服务的技术，使应用可以在数据源附近处理数据。

从边缘计算的定义中，我们可以明白，如果云计算是人的大脑，那么边缘计算就相当于遍布人体的神经末端。比如我们被蜜蜂蛰到了手，一定是手先收回来，然后大脑才会作出反应，而不是先把信号传输给大脑，然后等待大脑下指令再收回手。边缘计算就相当于这些神经末端。

人工智能技术：让元宇宙实现连点成线

2013 年奥斯卡获奖电影《她》的剧情中，主人公在一次偶然的机会中接触到最新的人工智能系统 OS1，它的化身 Samantha 拥有迷人的声线，温柔体贴而又幽默风趣。人机之间存在的双向需求与欲望，让主人公沉浸在由声音构筑的虚拟世界中，最后爱上了人工智能系统。

未来，在元宇宙中，人的智能行为和虚拟对象将会出现在各种虚拟的环境和现实当中。但是要实现电影中的情形，则需要智能对象在交互方式等方面显示得足够智能。而人工智能将提升这种人机交互的智能化水平，综合视觉、嗅觉和听觉等感官体验，最终形成全新的交互体验，将虚拟的一切都“化虚成实”。

所谓人工智能（AI）就是让机器能够拥有人的思维和行为，能够自如地听、会思考地说、会自由地写，可以适应各种环境和场景的变化，并独自解决各种问题。这些技术对于元宇宙的产业聚合和科技整合具有重要的意义，可以真正打破现实世界与虚拟世界的界线，促进虚拟和现实世界的真正整合。事实上，AI 人工智能技术在元宇宙中的各个层面、场景、应用中都有渗透，且无处不在，主要能 AI 识别、智能合约、代码人物、物品、数据 AI、AI 推荐，以及各种虚拟场景的智能建设、DAO 的智能运行、各种分析预测推理等形式出现。

具体来说，AI 人工智能技术之所以能够对元宇宙“连点成线”发挥作用，源于“连点成线”的算力、算法和数据这三个要素。

要素一：数据

数据是 AI 发展的根本，对于算法和数据来说至关重要，数据处理能力最终又会影响到人工智能的发展。比如，需要人工智能识别一辆自行车和小汽车。如果这两种交通工具同时出现，这时，人工智能识别自行车和小汽车的依据就是数据，根据数据判断，进而做出识别。

在元宇宙中，要做到虚拟和现实的无缝整合，自然离不开大规模的数据连接。在元宇宙中，因为有大量数据的存在，才能使人工智能技术与现实世界更为密切，提升拟真性，让元宇宙的用户体验到人机交互的感觉，不再只是图像、视频和场景的叠加，而是沉浸式的体验。主要体现在以下两个方面。

一方面，在元宇宙中，不管是分布式计算、高性能计算、云计算、雾计算、图计算，还是智能计算、边缘计算、量子计算等“算力”体系，都离不开海量数据分析为基础，进而有效提升人工智能的深度学习能力，为云宇宙提供智能化支撑。此外，以 5G、NB-IoT、TSN 为代表的现代通信网络将数据、算力与算法紧密地连接在一起，可以实现价值挖掘与协同作业，最终形成元宇宙的智慧支撑系统，成为其未来高质量发展的强劲动力。

另一方面，驱动元宇宙创新发展的数据，可以对云宇宙的各个环节都带来辐射带动效应。当前，在生产制造、零售、交通、能源、教育、医疗、政府管理、公共事务等多个领域已经广泛使用大数据。其中，以制造业为例，在数据的推动下，出现了大规模的定制化、分散化生产，大大缩短了研发生产周期，有效降低了生产成本，增强了决策支撑能力。而延伸到虚拟世界中，大数据必然也会带动云宇宙中各个产业的快速发展。

要素二：算法

算法是为解决特定问题而对一定数据进行分析、计算和求解的操作程序。算法，最初仅用来分析简单的、范围较小的问题，输入输出、通用性、可行性、确定性和有穷性等是算法的基本特征。算法存在的前提就是数据信息，而算法的本质则是对数据信息的获取、占有和处理，在此基础上产生新的数据和信息。简言之，算法是对数据信息或获取的所有知识进行改造和再生产。

从算法的定义来看，算法对于 AI 人工智能技术的发展来说，是非常重要的推动力。在元宇宙中，会有大量的数据产生，算法也会从单一的数字分析工具转变为能够对元宇宙发展产生重要的推动力。人工智能提升的表现就是 AI 具有决策和学习能力，而这一功能的实现，则是建立在算法的基础上。

要素三：算力

算力是实现 AI 技术的一个重要保障，AI 技术除了训练需要算力，其运行在硬件上也需要算力的支撑。可以说，算力构筑了人工智能 AI 技术的底层逻辑，其对人和世界的影响已经渗透到社会生活的各个层面。

虚拟世界必然会展示图形，而图形的展示则离不开算力的支撑。计算机绘图的原理是先通过模型数据，执行流程的指令渗透到图形的每一个像素，这个过程需要大量的算力。现如今，我们的用户设备里的画面都是 3D 形式的，由多边形组合而成，不管是游戏还是模型，都要通过多边形建模来创建。而画面中的人物的一举一动，甚至画面中光线的变化，都是计算机通过图形的各种计算，进而渲染后呈现出来的。这个过程需要顶点处理、图元处理、栅格化、片段处理以及像素操作等步骤，这里边的每一个步骤，都离不开算力的支持。

算力是元宇宙虚拟内容体验与创作的基础，不断提升的建模与交互依赖于更强的算力支持。从游戏的产业发展来看，每一次重要的突破，都离不开视频处理和计算能力的提升，而这也为元宇宙的发展奠定了基础。

区块链技术：确保元宇宙经济系统运行的稳定、高效、透明和确定性

区块链的概念是中本聪在一篇名为《比特币：一种点对点的电子先进系统》的文章中提出来的。他指出一个构架理念，即通过加密技术建立电子现金系统。事实上，其本质就是一个公用的账本，只要与账本相关的参与人都可以查看和更新这个账本，但这个账本不属于任何一个人，如果要修改，必须按照极其严格的规则和共识才能进行修改。

举个例子：

小王借给小丽 200 元钱，二者之间不用打欠条，不需要提供转账记录和凭据，而是由小王在区块链上告诉大家这个事实，就是自己借给小丽 200 元钱。然后，区块链上所有的参与者都会知道这个事实。如果小丽想赖账，表示自己从来没有借过小王 200 元钱，那么区块链上的所有参与者都可以站出来作证，小王确实借过小丽 200 元钱。所以，小丽根本赖不掉这 200 元，只能乖乖履行还款行为。

区块链并不只是局限于加密这一个功能，其去中心化、开放性、自治性、信息不可篡改、匿名性的特征，已经让区块链在物联网、人工智能、大数据等方面的应用都有了全新的拓展。

区块链的地址，都是由数字与字母的组合，是唯一性的，可以用来标识交易者和节点，而且这些节点和交易者之间的交换，都有固定的算法来运行，所以不公开就可以获取信任，所有区块链中的交易、传递都可以匿名进行。正因为如此，区块链可以在元宇宙中发挥非常大的作用。主要表现在以下几个方面。

一、为元宇宙带来去中心化支撑

虚幻引擎之父蒂姆·斯维尼（Tim Sweeney）曾说道："元宇宙将比其他任何东西都更普遍和强大。如果一个中央公司控制了这一点，它们将变得比任何政府都强大，成为地球上的神。"

元宇宙存在的意义就是防止任何形式的中心化的垄断，而要实现这个目标，离不开区块链技术提供的价值传递解决方案。

在人类的科学史上，区块链算得上是一项非常伟大的发明。区块链技术，从数据形态方面来看，就是由"区块"和"链"两部分组成。其中，前者是数据块，是采用了密码学方法产生的，数据块中的数字都是以电子记录的形式被永久性地保存了下来，而那些存放数据的文件就是"区块"。每个区块中记录的内容都是固定的，大概有神奇数、区块大小、数据区块头部信息、交易数、交易详情等，类似于文件夹的属性内容。区块还可以进行更加详细的分类，分为块头和块身两部分。块头是为了和上一个区块的地址进行链接，保证区块链数据库的完整性；块身的数据记录是已经过验证，在创建的过程发生的交易详情。

区块链中数据的存储主要有两种方式，可以保证数据库的严谨性和完整性。一种方式是每个区块上记录的交易都是创建前所有价值交易的活动，在上一个区块形成之后存储的数据，这是区块链保持完整的根本所在。另一种方式是所有数据一旦被区块链存储起来之后，那么此区块链的所有数据都不可以再更改和删除，这是区块链技术严谨的根本所在。

“链”式的形成则是靠各个区块之间的头部相互链接而成，每个头部节点处都记录了上一个区块头部和本区块头部的相关信息值，由此最终形成区块链的“信息链”。同时，这些区块上还有时间和时序性的相关信息，区块链上的区块之间都有密码协议，区块链上的所有节点可以共享和维护这个分布式的账本，可以保证没有任何暗箱操作，也没有人能够进行篡改和删除。这样一来，元宇宙中的任何行为在区块链技术的保障下，可以做到完全的公平和公正，虽然是虚拟环境，但无论是经济还是社会环境都会非常和谐。

二、为元宇宙提供身份标识

在元宇宙，对于个人的身份标识，除了现实世界中的标识方式，必然也会用到区块链技术进行身份标识，这意味着完全可以抛弃传统的身份认证技术，就可以凭借区块链技术来判断参与者的身份，且保证身份信息不会被盗用和复制，保证唯一性。只有这样，我们才能在元宇宙中放心大胆地做自己想做的事情，而不用担心自己的身份、创作的内容和个人价值被盗用或剽窃。也可以说，有了区块链技术的保障，元宇宙才会获得真正意义上的发展。比如，在元宇宙中，如果你突然有一天发现有两个自己，拥有一样的身份、级别、创作了同样的数字内容，拥有一样多的数字资产，那将是一种什么感觉？必然是信任的摧毁，不再相信元宇宙，从此远离元宇宙。所以，元宇宙中绝对不允许这种情况出现，而要做到这一点，必须借助区块链技术。区块链技术的防篡改和可追溯性的特点，让区块链天生具备了防复制、防盗用，这也是为什么诞生超过 10 年的比特币网络一直没有出现过被黑客攻击的情况。

三、为元宇宙提供资产支持

元宇宙中对于用户最具诱惑力的就是增强现实的沉浸式体验，这种体验和机遇是现实世界提供不了的。但在关于元宇宙的很多讨论中，信息和资产如何被保护却常常被忽略。在互联网时代，黑客攻击和数据泄露并不是什么新闻，所以，在元宇宙中让人们参与到元宇宙虚拟空间中，感到自己的身份和资产的安全性至关重要。而区块链技术已经被证明了不可篡改性，也就是说，区块链的加密性和不可篡改性是虚拟现实必要和不可分割的部分。如果在元宇宙中进行即时交易，用户需求会很高，比如要像在现实世界中的银行系统中交易一样的安全和完全被信任，确保稳定、高效、透明和确定性。

第六章
元宇宙的七个宏观层次

元宇宙不是一个从未有过的全新概念，而是一个经典概念的重生，它是在扩展现实（XR）、区块链、云计算、数字孪生等新技术下的概念具化，具有七个宏观层次，分别是基础设施层、人机互动层、去中心化层、空间计算层、创作者经济层、发现层和体验层。

基础设施层：将设备连接到网络并提供内容

据说，在2045年的时候，会有一个全新的世界出现，这个世界是所有人都向往和梦寐以求的。在这个空间中，充满了自由、公平、美好和神奇，人们可以随意切换身份、和任何人交流、做自己想做的任何事情，不再受时空的限制。在这里没有迷茫和困惑，因为人人都可以找到自己的价值和活着的意义，也不会有失望和绝望，因为这里秩序井然，有现实世界没有的公平、和谐。不管你是现实世界中在社会底层挣扎的失败者，还是在现实世界中功成名就的成功人士，在这个世界都可以找到令自己陶醉和痴迷的东西，所有的梦想都触手可及。比如，去做一个超级英雄，拯救世界于水深火热之中；去做一个没有烦恼的自由人，在阳光沙滩上晒日光浴；去博物馆，和艺术零距离接触；去往遥远的过去，探寻人类走过的路等。这个世界就是史蒂文·斯皮尔伯格的电影《头号玩家》里的所谓的“绿洲”。在电影的剧情当中，人们对这个现实的世界感到无限的绝望，于是都穿上 VR 设备进入一个叫“绿洲”的虚拟世界，尽情地感知和获得自己想要的快乐和美好。“绿洲”是一个包罗万象、无限逼近真实的虚拟世界。可以说，它是对如今正火的元宇宙最直观的呈现。

虽然元宇宙当前还处于一个初级阶段，但很多专家学者和普通玩家都已经把元宇宙当作电影《头号玩家》中的“绿洲”。

而要到达“绿洲”，体验这个充满无限想象力、缤纷绚丽和可能性的虚拟异世界，仅仅只隔着一套 VR 设备。只要戴上这个设备，你可以马上进入这个虚拟的世界，远离现实世界的纷扰。苹果、Facebook、百度、腾讯等互联网公司，已经开始探寻元宇宙的世界，着手构建基础设施，将当前的一些 AI、VR/AR 等技术一一场景化。

基础设施层主要指的是实现元宇宙最基本的技术，包括但不限于人机交互、3D 引擎、GIS、设计工具、游戏渲染、图片渲染、隐私计算、AI、操作系统、工业互联网、内容分发、应用商店和智能合约。元宇宙还需要大量的软件和技术协同，包括但不限于基础设施端的 5G、6G、云计算、区块链节点、边缘计算节点和 DPU，还有用户端路由器、传感器、芯片、VR 头显示器、显示器及脑机接口。在这些基础设施的基础上，元宇宙可以衍生相应的应用程序，并基于元宇宙的各种应用程序开发潜在的内容载体。

元宇宙的基础设施软件技术会把各种设备与元宇宙连接起来，为其提供必要的支撑，使得元宇宙的硬件性能越来越强。比如，随着 5G、芯片、云计算等技术自身不断更新与发展的过程，也是为元宇宙打下坚实基础的过程，趋向于高带宽、高算力的目标发展。

对于元宇宙来说，通信技术是最重要的基础设施。而当前只有5G能够满足元宇宙对数据传输容量的要求，因为5G是新一代的移动通信技术，其大连接、低延时和高速度的特点，可以帮助元宇宙实现万物互联和人机交互的功能。

此外，元宇宙离不开强大的计算能力，包括内容、网络、区块链、图形显示和其他功能的正常运行都需要计算能力的支撑。例如，DPU芯片（数据处理芯片）通过基本的分流、隔离处理、存储、加速和安全等方面的操作，可以提供安全的加速基础设施，满足云、数据中心或者边缘环境中的各种工作负载需求。除了体现在云计算力方面，在终端算力方面，异构芯片可以让SoC中的CPU、GPU、FPGA、DPU、ASIC等芯片协同工作，从而通过提升算力来不断增强用户的沉浸式体验。

事实上，未来构建的元宇宙应该是一个一体化的沟通环境，具有全球化特点，但要把各个分散的小元宇宙融合成为一个整体才能实现，这就需要AI人工智能技术的参与。AI人工智能技术在元宇宙中的应用非常广泛，渗透在方方面面，是元宇宙中必不可少的基础设施，决定着元宇宙的最终形态，以及各种先进技术融合应用，可以帮助创建和改进元宇宙中的一些内容，比如艺术品、数字资产以及其他一些内容。

AI人工智能与各种应用软件结合会发挥出更大的作用，可以促进软件的技术提升和标准的形成。也就是说，人工智能AI技术能够大大提升元宇宙用户的沉浸式体验，且可以有效降低生产和运行成本。

人机互动层：通过智能可穿戴设备，让人变成机器人

元宇宙的人机交互层面主要体现在硬件配套站，比如元宇宙的用户必须佩戴 VR 眼镜、VR 头显等设备，才能体验到虚拟世界中的各种精彩。

关于什么是人机交互，这是一个非常有趣的问题，既涉及智能又牵扯人机交互，更重要的是两者之间的联系。如果把人机交互看成脖子以下，即生理与物理之间的相互作用（如视域、听域、可达域、舒适域）的话，那么智能就应该是脖子以上的问题（如人的自然智能、机器的人工智能），这样一来，智能人机交互就可以说是脖子上下一体化的问题：一个活生生人—机—环境系统问题。

智能人机交互不但要求有情有理，更希望通情达理、情理交融。实现人机交互中的“交”，可以有效地使用计算方法去尝试，而要完成人机交互中的“互”，则还需要运用进一步的算计手段。如何实现从交互到互交、从相等到等价、从计算到算计的有机融合，是智能人机交互的重要瓶颈表征。

经过深入了解后，我们不难发现，智能人机交互系统中的“互”或许是问题的核心、题眼之所在，能否“互”、怎样“互”、何时“互”、何处“互”、“互”什么、“互”程度、“互”范围……这些都将随着人、机、环境系统的动态演化而发生相应的变化，若要快速、准确、及时、恰好地实现这些变化就需要更进一步梳理出人机之间的各种新型关系。实际上，人机中的态、势、感、知各有其各自的时、空、情坐标但又相互关联。这里面既与理解、信任、透明机制有关，也与记忆、注意、意图机理有关，人机总是在互补与被互补、主动与被动、正常与异常过程中进行有目的或有任务的经验编程、知识验证、自愈泛化，通过区别对象的属性及关系的属性，衍生出对应的弹性概念和理论，并进行个性化的表征、推理和判断。

看了以上这段关于人机交互的论述，我们有理由相信，随着人机交互技术的不断进步与发展，我们在电影《她》中看到的情形，也许就会变为现实：男主角是一个虚拟人物，他爱上了一个电脑操作的系统女声，尽管这个叫“萨曼莎”的姑娘只有“声音”的存在，但是男主角通过她略带沙哑的迷人嗓音以及幽默风趣的性格，开始和她变成了无话不谈的朋友，甚至对“萨曼莎”产生了感情，最后发展出一段“畸形”的恋情。

虽然这只是一个电影中的情节，绝属虚构，但却从侧面证明，未来在元宇宙的虚拟世界中，人机交互技术必将取得重大突破。参与用户的体验已经不再只是停留在操作等方面的基础体验，而是人机交互技术可以围绕用户为中心，更好地识别用户的表达意图与情感等，进而进行更具深度的人机交互。

交互技术中有很多种形式，与人机工程学、认知学、心理学等学科领域有着密切的联系，通过电极将神经信号与电子信号相互整合，最终达到电脑与人脑的沟通和交流。在元宇宙中，人机交互技术会升级为电脑与人脑之间的意识交流，一种更高级形式的交流和沟通，即心灵感应，可以极大地提升元宇宙用户的沉浸体验。

1959 年，美国学者 B. Shackel 基于对机器减轻人类生产疲劳的研究，发表了历史上第一篇关于人机界面的文献。到 1960 年，LikliderJCR 首次提出人机界面学的启蒙观点，即人机紧密共栖（Human-Computer Close Symbiosis）概念。1969 年，具有里程碑式意义的第一届关于人机界面的国际性大会召开。1961 年，研究人机界面的英国的拉夫堡（Loughbocough）大学的 HUSAT 研究中心和美国施乐（Xerox）公司的 Palo Alto 研究中心相继成立，为人机交互的发展指明了方向。20 世纪 80 年代，人机界面方面的专著陆续出版，为人机交互的发展提供了理论基础。20 世纪 90 年代，计算机多媒体技术的兴起与发展为人机交互的研究提供了新的方向，人机交互研究的重点开始更多地放在了以人为中心的方面。到了自然用户界面时代，人们倾向于更自然的交互方式，如触摸控制、动作控制、自然语言控制等。2010 年后，以苹果 Siri、谷歌 Now、微软小冰等为代表的人工智能语音交互，凭借其省时省力、学习成本更低的优势特征，成为人机交互领域新的需求方向和研究热点。

从上文人机交互技术的发展历程中可以看出，人机交互经历了三个发展阶段。第一个阶段的交互，主要通过鼠标及触控设备进行人机交互，比如用户在手机上玩游戏，在电脑上查资料、听歌、娱乐和学习等；第二个阶段的交互，主要通过语音的方式来进行交流，人们比较熟悉的有苹果手机的siri、小米的小爱同学等，不用直接用手操作手机、音箱、灯、电饭煲、冰箱、油烟机等设备，只需要发出一段指令，就可以自动播放音乐、查找相关信息、打开灯光、电饭煲开始工作、冰箱和油烟机开始工作；第三个阶段的交互集中在VR、AR和追踪技术方面，用户可以更加真实、直观地体验产品和场景，沉浸于其中。比如添加了VR、AR技术的展览馆、档案馆，通过VR、AR技术，人们可以还原一些历史事件的现场、历史人物的音貌等，从而给人留下深刻的印象。

从人机交互技术的三个发展阶段可以看出，人机交互技术正在逐渐将人类改造成类似半机器人的结构。在元宇宙这个虚拟世界中，智能手机已经不仅仅是一个普通的智能手机，而是变成了高度便携式、始终连接、强大的计算机，在任何地方都可以发挥出独特和重要的作用。此外，融入时尚服装的3D打印可穿戴设备，贴合于皮肤之上的微型生物传感器，各种AR智能眼镜，甚至脑机接口，它们都将给元宇宙贡献要多的超级应用和体验。

去中心化层：把元宇宙的所有资源更公平地分配

在现实世界里，你可能是打工人，而在虚拟世界里，你可以是驰骋沙场的赛车手，也可以是挑战极限的探险家，甚至可以成为打怪升级的超级英雄。

元宇宙将遥远的游戏和科幻梦变得让人触手可及，尽情享受这梦幻的虚拟生活。那么，元宇宙和如今游戏互联网所构建的虚拟世界有什么不同呢？

最大的不同就是，人们在元宇宙的世界里有着和现实世界同样的感知，而且还能随时随地在虚拟和现实的世界中来回穿越。虚拟世界和现实世界体验是一样的，每时每刻都有事件发生，时间在虚拟世界中不会停止，这个世界永远不会重置、暂停或结束，而只会无限期地继续下去。

元宇宙给人们的生活创造了更多的可能性。在这个虚拟的世界中，没有资源分配不均、没有贫富差距悬殊。现实世界中的有钱人，在这里也只是个普通人，并不会通过现实世界中的资金支持，迅速获取大量的原始财富，让自己在虚拟世界中获得更多更好的服务。也许，到了元宇宙构建好的那一天，地球上的大部分人类可能都会选择生活和沉浸于元宇宙带来的精彩世界里。

从上文中，我们看到了元宇宙最大的魅力就是去中心化，没有资源分配不均、没有贫富差距悬殊，人人平等，绝对公平。

去中心化层主要是指把分散的虚拟世界整合起来，给用户提供独一无二的身份信息所需要的技术，包括边缘计算、区块链等技术，参与者能够拥有独立的创作和数据所有权。而这一切的实现，都源自区块链技术发挥的作用，可以为元宇宙提供去中心化的身份系统，记录人们在元宇宙中的各种体验。

反之，如果元宇宙是个中心化的世界，那么现实世界中得不到解决的贫富差距悬殊和资源分配不均的难题还是会存在。甚至会因为各种科技的运用，扩大了贫富差距的悬殊和资源分配的不均，让这个问题更加严重化。比如，现实世界中一些有权有势的人可以把自己的权势和财富方面的优势延伸到元宇宙里去，让自己在元宇宙这个虚拟的世界中凭借这些优势获得更多的支持，让自己在虚拟世界中也可以拥有和现实世界中一样成功的人生。

如果这样的情形出现在元宇宙中，那么就与当初构建元宇宙的初衷相违背。人们之所以向往虚拟世界，就是为了逃避现实世界中的各种不如意、规则和等级，如果在虚拟世界中的体验与现实世界一样，照样受到各种限制，那么虚拟世界跟现实世界就没有什么区别了，元宇宙也会因此失去天然的吸引力，人们不会再去关注，元宇宙也就失去了发展的价值和意义。所以，元宇宙必然是一个去中心化的世界，而且这个世界属于所有建设的人，而不受任何一个公司或者一个国家来掌控，每个参与者都可以在这个世界里进行内容创造，不再受现实世界中规则的束缚，而是真正地比拼个人价值。谁创造的价值越多，谁在这个世界里拥有的数字资产就越多。

综上所述，区块链技术在元宇宙里至关重要。所有去中心化的构建，全部依赖于区块链技术，如同我们需要空气与水一样。比如，利用区块链，不仅能解决贫富差距的问题，还能解决金融资产集中控制和管理的问题。现如今，在现实世界的去中心化金融 DeFi 中，就已经出现了连接金融模块形成新应用程序的案例。

以“Roblox”的经济系统为例，玩家购买 Robux，消费 Robux，开发者和创造者通过搭建游戏获得 Robux，运营方在其中收取一小部分佣金；Robux 可以重新投入游戏，也可以进行再投资，或者兑换现实世界的货币，但每年至少赚取 10Robux 才有资格加入把 Robux 转换成美元的“开发者兑换”计划。

可见，随着元宇宙的不断发展，所有参与者共同构建的模式如果想持续下去，也离不开去心中化的平权式的共享机制和共治机制为保障。也就是说，如果大家都想要做大做好元宇宙这个大“蛋糕”，那么首先要分好这块大“蛋糕”，让每一个人都可以根据自己的付出得到对等的收获。所以，在元宇宙中，用户生产内容之后的激励机制或价值回报机制的建立与完善至关重要，在这个环节上，自然也离不开区块链技术的支撑作用。可以说，去中心化的价值回报是提升主体建构与投身新场景积极性的重要手段。从某种意义上说，元宇宙将是个人与各种机构实现价值增量的重要新领地。

空间计算层：将真实计算和虚拟计算进行混合

休闲娱乐：元宇宙的系统里会提供大量的娱乐项目来满足人们的精神生活，在元宇宙上玩游戏的体验感会更好，因此在娱乐领域会诞生大量的投资机会，如社交类游戏，RPG 游戏、棋牌类游戏、冒险类游戏，以及 Play to Earn 的各类链上游戏都将吸引大量用户，同时元宇宙也会增加用户黏度。

投资理财：随着数字资产的增加，人们就会需要金融类产品来满足自己的资产配置，DeFi（去中心化金融）、保险、信托等基于链上的金融创新项目值得关注。其中 DeFi 对于元宇宙的意义深远，一个去中心化且高效自主的金融系统能够加速元宇宙的构建。用户对自有链上资产各项金融活动的自由掌控，不受地理、经济水平、信任限制。DeFi 与 NFT 结合能够拓展到元宇宙的内容、知识产权、记录和身份证明、金融文件等，能够创造一个能容纳更多样化资产、更复杂交易的透明自主的金融体系，支持元宇宙文明的构建。

通过智能合约，代码即法律，交易者基于对代码的信任，可以在信息不对称环境下安心、安全地交易。

消费购物：沉浸式的数字孪生电商，未来买买买更开心。

工作创业：基于区块链 Token 的积木式 SAAS 系统也许是一个不错的方向，未来每个公司的办公系统都是根据自己的战略傻瓜式地搭建起来，根据企业文化会有不一样的空间形态，大家会在自己创造的空间里提取自己需要的资料和上传自己创造的价值。

运动健身：运动健身将不分天气，不需要场地且随时随地可以利用碎片化时间进行，在线机器人教练可以通过体感设备和监测指标指导你的动作，并根据每个人的身体情况进行指导。

艺术收藏：艺术收藏可以是爱好也可以是职业，在区块链上真假问题不再是困扰收藏者的主要问题，在链上的交易也将更加便捷。通过艺术收藏的应用场景下，艺术品 NFT 相关的创业项目值得投资人的关注。

问诊治疗：2020 年共有 6，648 万名患者在好大夫平台上有过在线问诊的经历，这些问诊主要是以文字和图片的形式进行的，这需要患者提供足够精准的信息，医生才能做出正确的诊断。未来，我们可以使用 XR 技术扫描患者的身体数据，让患者在一个虚拟空间中与医生进行更深入的交流。

教育培训：更沉浸式的教育体验，让学生在家也能感受到在学校上课一样的感觉。

社交聚会：未来通过元宇宙的入口，线上交友沟通的方式可能会改变。可以设置不同的约会场景，甚至可以根据不同的人设置自己不同的妆容及虚拟数字服装。疫情席卷全球，全息投影的开会方式能大量减少人与人的接触，同时还提高了工作效率。将 VR 和物联网结合起来，可以更好地采集用户行为，从而给用户带来更加沉浸式的体验，用户设置可以在任何设备上用语音或者手势与元宇宙上的其他玩家进行交互。

以上元宇宙中的应用场景，不管是休闲娱乐、投资理财、消费购物、运动健身、艺术收藏，还是问诊治疗、教育培训、社交聚会都离不开空间计算层在元宇宙中发挥作用。所谓空间计算是指构建元宇宙虚拟世界将其 3D 化立体化的一些技术，包括 3D 引擎、VR（虚拟技术）/AR（增强现实技术）/XR（虚拟现实混合）、多任务界面等。

空间计算对于元宇宙来说，是一个非常重要的技术路径，通过混合现实世界与虚拟世界的计算，可以让现实世界与虚拟世界之间的障碍消除，计算机与计算机之间的空间可以互相进行整合与渗透，大多数情况下，通过空间层计算层，可以突破键盘与屏幕之间的界限，而不必再受限制，最终进入一种柔和的模式中。

事实上，空间计算已经发展成为一大类技术，使我们能够进入并操纵 3D 空间，并以更多的信息和体验来增强现实世界。将空间计算软件和支持硬件层分开，对于软件的关键方面，主要包括：显示几何和动画的 3D 引擎；映射和解释内部和外部世界的地理空间映射和物体识别；语音和手势识别；来自设备的数据集成和来自人的生物识别技术；支持并发信息流和分析的下一代用户界面等。

事实上，空间计算发展到现在，已成为一项非常重要的技术，这种技术的先进之处在于可以让人们尽情地沉浸在休闲娱乐、投资理财、消费购物、运动健身、艺术收藏，问诊治疗、教育培训、社交聚会中，与此同时，在其他信息和体验的支持下感受增强的现实世界。随着空间计算技术的发展，在元宇宙中所有机器的空间都是可以相互渗透的，能够将空间直接带入，对方可以是计算机的空间，也可以是计算对象，键盘与屏幕的界限将不复存在。

创作者经济层：让越来越多的人创造经验

元宇宙中有很多内容，而这些内容是构成元宇宙的重要基础支撑，内容的创作者们就组成了元宇宙中的重要角色，进而产生的创作者经济成为支撑元宇宙内容创作的动力。因此，在创作者经济层，必然会产生数不胜数的内容创作者，随着元宇宙的不断发展，这个群体的数量会呈指数级增长。在现实世界中，消费者只是消费内容，但在元宇宙中，他们可以兼具两种身份，是内容的消费者，也是内容的创作者。即便不懂计算机、不会编程，也可以发挥自己的想象力，提供好的创意和点子，参与到元宇宙的构建中。而且，在各种简单代码形式和社交软件上，用户可以随时输出内容，即时性地参与内容的创造。比如，当前元宇宙中的创作者驱动的体验都围绕着集中管理的平台如 Roblox、RecRoom 和 Manticore 进行，在这些平台上，整套集成工具、发现、社交网络和货币化功能使无数的创作者能为他人创造经验。

在元宇宙中，这些创作者经济层拥有不同的级别，经包括爱好者、全职创作者、明星创作者和大亨级创作者，他们在与平台彼此匹配需求后，会带来效率最大化的创作结果。

爱好者通常都是由于兼职、爱好和乐趣的原因到元宇宙中创作自己的数字内容。但是这个层级有一个非常大的问题，就是创作者们由于个人时间不够或者资金不足等原因，不能全身心地投入到创作中去，自然也没有精力和资本去营销和分销自己创作的内容。所以，他们要提升创作内容的质量和价值也很难。所以，很有可能这些创作者会一直保持这种创作状态，等到一定的原始积累之后，少数创作者可以通过自己创作的作品谋生。

全职创作者是可以用自己创作的内容谋生的人。这些创作者刚开始创作的内容通常是个人的一些成功经验和故事。他们中大多是从爱好者开始创作，在积累到一定的程度之后，辞掉现实世界中的工作，全身心地投入到元宇宙的内容创作中。所以，全职创作者的经济收入情况要比爱好创作者的收入要好很多，且专业性方面更权威，但在内容运营方面会存在经验不足的问题。因为需要从创作中分出时间和精力，学习如何营销和分销自己创作的内容和作品。

明星创作者是元宇宙创作者经济层中比较好的群体，他们进行内容创作的时候，常常已经与一些品牌和产品达成了长短期的合作，围绕品牌和产品创作一些相关的内容。他们合作的公司范围也比较广，包括媒体公司、唱片公司、发行商等，可以实现最大化的作品覆盖率。但这个创作群体最大的问题是如何保持热度和名声，且内容不断更新，以及如何规避一些潜在的品牌危机，使其不会影响这些创作者的合作关系，否则这些内容创作者会从高处跌落，最终影响到生存。

大亨级创作者是最高级别的内容创作者，他们不仅打造了不断升级的业务，还保持了创作内容的影响力，是一种比较难达到的级别。

元宇宙里的体验和内容需要及时更新，否则会丧失吸引力，所以元宇宙要不断降低创作门槛，而且要研发一些创作的工具、素材库和自动化的技术等作为支撑。当前，元宇宙的体验已经越来越具有沉浸感、社交性和实时性，创作者的数量也在大幅增长，这种增加和增长反过来又会助推元宇宙中的体验越来越生动、社交对象不断更新。

发现层：将人们引入元宇宙新体验

发现层存在的意义就是吸引，指如何把人们的注意力吸引到元宇宙当中去，由此可以体验到元宇宙的神奇之处。比如一些应用商店中的软件、手机上的入口链接、特别吸睛的APP广告等。

在元宇宙这个巨大的生态系统中，有很多赚钱的渠道，无论是针对企业，还是个人，只要创作出有价值的内容，都可以得到丰厚的利润。一般情况下，元宇宙的发现系统可分为两种：一种是主动发现机制，即用户主动了解元宇宙，并积极寻找元宇宙的入口；另一种是被动的发现机制，即用户对元宇宙没有什么概念，只是一个偶然的机会，得到一个元宇宙的推广信息，或者点击了相关广告的入口链接，从而进入元宇宙，这个发现机制，现如今的互联网用户都十分熟悉。

对于元宇宙来说，发现机制主要由两个构成要素。

一、驱动型内容

首先，在元宇宙中，内容市场将会取代传统互联网中的应用市场，因为只有好的内容才是吸引用户的本质，而这种内容属于驱动型内容，比大多数的营销形式都更直观、更有效。这是因为，当人们真正关心自己特别感兴趣的或者自己正在参与的内容和活动时，会特别积极主动去传播。也就是说，在元宇宙的背景下，当内容具有价值，可以用来交易、分享和交换的时候，内容已经成为一种营销的资产。比如，NFT 作为一种已经运用并成熟的技术，之所以会得到广泛的认可和推广，其主要原因就是因为 NFT 能够在中心化交易所进行交易。

二、实时显示

发现机制中的实时显示技术非常有助于吸引人们关注和进入元宇宙。对于数量众多的内容创作者来说，元宇宙中的实时查看功能将成为发现层最为基础和重要的功能。此外，浏览元宇宙的一种主要形式就是实时显示，这个功能不只是关注，而是聚集当下人们的动向，这在元宇宙当中相当重要。因为元宇宙中的很大一部分价值体现在双向互动中，比如一些大型网络游戏平台的发现机制体系就充分利用了实时显示这一功能，像 Steam、战网、XboxLive 和 PlayStation 这些平台可供玩家查看好友最近玩的游戏。游戏中用户的关注列表在很大程度上决定了用户会加入什么社群、进入哪个房间等。那么在元宇宙中，实时显示可以赋予社群群主一些权限，可以发起人们所热心参与的活动，吸引更多的人参加，实时显示用户参与和活动进展情况，更容易把活动推向高潮。

体验层：让体验形式变得触手可及

体验层是针对元宇宙的用户而言的，它可以让一些体验形式从遥不可及变成唾手可得。元宇宙是一个巨大的生态系统，用户可以在这个虚拟的生态系统中进行娱乐、社交、玩游戏、看电影、听音乐等活动，而体验层就是这些活动与用户之间的桥梁，而这座桥梁的作用就是让用户能够体验这些活动，然后产生吸引力，最终进入到元宇宙中，加入这些活动的行列中。可以说，体验层的存在打破了虚拟与现实的界限，实现了对现实空间、距离及物体的“非物质化”。

对于现实世界来说，“非物质化”的一个显著特点就是体验形式从之前的遥不可及变得触手可及。游戏就是一个很好的证明。为什么大型网络游戏会有那么强烈的吸引力？原因就是人们在这些游戏中可以体验很多的角色，可以是摇滚明星、绝地武士赛车手等。在现实中，也会有很多“非物质化”的场景。比如，演唱会的前排位置通常非常有限，但虚拟世界的演唱会却可以生成基于每个人的个性化影像，所以你在演唱会的哪个位置都能获得最佳的观赏体验。比如，社交娱乐将完善电子竞技和线上社区；旅游、教育和现场表演等传统行业也将以游戏化的思维，围绕着虚拟经济进行重塑。

以上这些生活场景要素会引出元宇宙体验层的另一面，即内容社区复合体。所谓内容社区复合体，是指在传统的互联网中，用户只是普通的内容消费者，而现在元宇宙中，用户既是内容的产出者，也是内容的传播者。过去，我们在提及一些常见功能，比如博客评论和上传视频时，总会用到“用户生成内容”这样一个概念。但在元宇宙中，内容已经不再局限于用户生成，用户之间的互动也会产生内容，这些内容又会反过来影响用户所在社区内对话的信息，也就是内容产生内容。

第七章
元宇宙的八大必备要素

元宇宙在传统网络空间的基础上，伴随多种数字技术成熟度的提升，构建形成的既映射又独立于现实世界的虚拟世界，要实现这一点，元宇宙必须具备八大必备要素，分别是身份、朋友、沉浸感、低延迟、多元化、随时随地、经济系统和文明。

身份：现实中人在元宇宙里的化身

元宇宙在 2021 年的火爆程度已经到了让人惊叹的地步，那么在元宇宙中引发的“炒房”风潮，就更让人觉得不可思议了。从一开始 50 万元标价的虹宇宙小岛，到林俊杰在“Decentraland”上豪掷 70 万元买房，再到以 2740 万元刷新虚拟房产记录的“Sandbox”，元宇宙“炒房”热度久盛不衰。那么，此时就引发了一个问题，在虚拟世界里，拥有了虚拟房产之后，如何确定房产的主人呢？由此可见，在未来元宇宙中，身份的作用是不可忽视的。

有部分专家学者认为，在元宇宙中的身份是与现实世界完全不相干的，只是人们在数字时空里的一种证明。通过这个虚拟的身份，人们可以重新塑造自己的人生，构建一个和现实世界完全不同的第二人生，等于是重新活一次。而且，这个虚拟身份下的所有数据都是去中心化的，人们的所有行为产生的数据都是私有的，也就是说，在元宇宙中，除了自己，没有人能够掌控你的人生。也有专家学者认为，无论是虚拟偶像还是我们未来在元宇宙中存在的“分身”，这些身份本质上都是一种数字身份的体现，但与大型网络游戏中的虚拟身份有所区别，在游戏中我们扮演的是一种角色，但在元宇宙中，我们的虚拟身份除了代表自己，还可以像现实世界里一样，能够代表自己进行社交、娱乐和做生意。

这个“分身”，我们可以称为自己在元宇宙中的化身，也可以称为数字人。其核心是人工智能 AI，只有在足够智能化的 AI 支撑情况下，才能满足这个化身在没有人为控制下的任何行动。比如，当元宇宙中的好友来联系我们时，数字人不会因为我们不在线而呈现不在线的提示，而是可以一边和好友聊天，一边及时联系通知我们。比如，我们是现实世界中酱藏美酒的生产商，那么在元宇宙中或许就是一个酱香酒的品酒达人，当元宇宙的酒友来找我们品酒的时候，人工智能 AI 可以在你不在线的时候，也能与酒友“煮酒论天下”。

在元宇宙的虚拟世界中，这些化身都是独立而唯一的存在，不同身份之间会产生各种各样的关系，构成一个巨大的身份关系网络，形成元宇宙的身份系统，由此元宇宙才能紧密地链接在一起，真正健康地动行起来。这种虚拟化身与我们现实世界的身份会有所区别和隔离，会促进人与人之间形成全新的社会关系。

“每个人的化身都可以做成自己喜欢的任何样子，这就要看你的电脑有多高的配置了。即使你模样很丑，仍旧可以把自己的化身做得非常漂亮。哪怕你刚刚起床，可你的化身仍然能够穿着得体、装扮考究。在超元域里，你能以任何形象出现：一头大猩猩，一条喷火龙……”

这是《雪崩》里对元宇宙中身份的相关描写，我们可以从中看出，元宇宙的用户可以在这个虚拟的世界里，化身为任何自己想成为的人、物和对象，只要你的想象力超群。当然，这并不是为所欲为的。

在元宇宙中，治理体系的关键就是智能化合约。当元宇宙中构建起了智能合约之后，每个人的虚拟化身都被多个合约智能监督，如果出现违约，会被警告或禁止。在 Meta 构建的元宇宙的场景中，虚拟化身是以“面部 + 身体”的虚拟重建，参与者都是与其他伙伴协作办公、创作等。此外，在小红书上也有一款叫“3D body visualizer”的身体重建产品，参与者可以根据自己实际的身高、体重、运动频次等重建自己的 3D 虚拟身体，本人亲测基本跟实际的体形十分吻合，只要通过动作捕捉 camera 对人体的关键点检测跟踪就可以驱动虚拟人身动起来。

这些虚拟化身的雏形，让我们对元宇宙中的未来充满期待，在这个虚拟的世界中，每个人都可以拥有自己的化身，由现实中的自己驱动虚拟世界中的自己与世界和他人进行交互。

朋友：身处其中，可跨越时空做朋友

《异次元骇客》是一部由约瑟夫·鲁斯纳克执导，克雷格·比尔克、格瑞辰·摩尔、阿明·缪勒·斯塔尔等主演的电影，于1999年5月28日在美国上映。该片讲述了电脑科学家道格拉斯·霍尔和汉农·富勒将电脑科学里的虚拟环境发展到最高的境界，在电脑晶片上虚拟出一个逼真的1937年的洛杉矶的故事。在这个故事中，电影中的女主人公爱上了游戏里的虚拟人物，上演了一部荡气回肠的爱情大片。

这部电影中的剧情，在元宇宙中可以变为现实。用户在元宇宙中不仅可以使用这个身份进行娱乐、交易、旅游等活动，还可以进行社交，穿梭于各种场景与平台上，与各种各样的人交朋友，让虚拟的世界添加一丝真实性。

这种社交方式是互联网时代线上社交的一种延伸，比如微信、QQ等线上社交形式。在元宇宙虚拟世界，线上社交又会在此基础上演变出新的花样。特别是受新冠肺炎疫情的影响，人们在一定程度上促进了线上社交的发展节奏。例如，Soul 在社交领域有着独特的定位，脱胎于现实世界，又与现实世界平行，用户可以沉浸在这里娱乐、社交、消费等，有点类似于社交元宇宙。在 Soul 上，用户需要先给自己设定一个符合自己个性特征的 Look，再做一个灵魂测试，给自己塑造人格，最后再给自己打上个性化的引力签。不同于任何一个封闭式的即时通信产品，可以说，兴趣和用户画像是在 Soul 上发现好友、展示自我、深入社交的“通行证”。

热播剧《完美的他》讲述的也是虚拟交友的故事。剧中两个现实世界中的女孩，通过虚拟交友平台交上了四个不同类型的男孩，这几个男孩的性格各有不同，但却能够最大限度上满足这两个现实女孩对男朋友的要求，是她们梦寐以求的：一是身高 1.8 米，体格健硕，有肌肉，给人以满满的安全感，完全是行走的荷尔蒙；二是高颜值，让人赏心悦目；三是声音好听，充满魅力；四是感情专一，从不拈花惹草花，完全不用担心会被其他女生拐走；五是跟他约会，他会为你安排好一切。

在元宇宙的社交中，这种电影中的虚拟交友可以令许多人得到极大的满足。也许到那个时候，很多在现实生活中没有朋友的人，却能够利用种种元宇宙中的社交工具交到很多虚拟的朋友。比如，你是一个爱酒达人，喜欢酱香型的酒，在现实世界中却没有多少酒友。通过元宇宙，你可以找到全世界与你存在着相同爱好的人，只要他用互联网，哪怕他藏在北极，你也能把他找到。

这些功能，在元宇宙中是完全可以实现的。当前，微软公司已经开始将不同的元宇宙平台进行无缝连接。微软在推出 Hololens AR 头盔的同时，始终在通过 Mesh 网络开发自己的虚拟世界。微软将 Mesh 视为提供基础黏合剂的角色，帮助将多个元宇宙连接在一起。微软的 Mesh 允许公司使用 API，就像今天 iPhone 上的应用程序一样，帮助公司构建自己的元宇宙，并在所有这些虚拟世界中拥有持久的身份。微软团队的 Mesh 可以让我们在元宇宙中的理想社交有实现的可能性。

沉浸感：沉浸其中，忽略真实的世界

所谓沉浸，就是全身心完全处于某种境界或思想活动当中，不再关注其他的事物。而元宇宙中的沉浸感是人们对虚拟环境的一种感觉和体验，这种感觉和体验完全是由计算机系统、VR/AR 等软硬件设备、超高清电视和显示器创造的。参与者只要置身其中，就会感觉与现实世界的体验没什么区别，甚至还会完全忘记身处于虚拟环境当中。这是元宇宙通过对虚拟世界的视觉和其他感知数据进行处理后的结果。

沉浸式体验对于元宇宙来说是所有快乐与精神感受的根源，可以让人们愿意进入元宇宙，在元宇宙中找到自己的精神归属。

在腾讯电竞 V-Station 体验馆，通过炫酷的 V 型通道，就能看到他人不知道的“第一次”，身临其境，重新感受赛场超燃的激动时刻，享受到颠覆性的体验。在电影《头号玩家》的场景中，用户只要戴上 VR 设备，就能经过时空隧道穿越到另一个时空，开启不一样的人生。

可以看到，沉浸式娱乐的关注点在于体验，氛围感十分重要。如今沉浸式的娱乐方式已经成为主流，甚至形成了产业，很多产品和企业都开始在这里布局。从设计开发角度来说，沉浸式体验要做到五感的充分调动，只有通过视、听、触、嗅、味这五觉给予的完整沉浸感，才能在这个世界里生存和生活，塑造完整的元宇宙虚拟世界。与此同时，这种沉浸感需要持续吸引参与者的注意力，把一些干扰的因素都排除掉。所以，元宇宙中的沉浸式设计具有两个特征：一是需要将环境和氛围的所有因素都调动起来；二是需要一定的外部环境营造的支持。

比如，在一种叫发光跷跷板的沉浸式互动设计中，当人们在跷跷板上面上下起伏时，跷跷板的音乐、起伏的强度都会随之发生改变，体验者可以从中感受到一种节奏感和代入感，仿佛又找回了儿时玩跷跷板的感觉。如果在这个游戏中，没有环境和氛围以及外部一些环境营造的支持，很难达到沉浸式体验的高度。瀑布秋千也是类似的设计，在秋千设计的时候，会有监测器安装在上方，可以捕捉到参与者的速度、特点等基本信息，然后通过计算机计算瀑布出水降落的时机，营造出在瀑布中穿梭的惊险，又不会被瀑布淋湿的体验，让参与者感受到趣味无穷又惊险刺激。又比如，面料游戏中的沉浸式设计，需要现实世界中的用户与虚拟世界中的用户建立某种联系，运用 Java 和 HTML5 等开发工具，将装置显示在网络界面投影在地板上，可以制造出一个沉浸式的空间和环境，然后对参与者的位置做出不同的声音和灯光反应，让参与者能够很好地沉浸在游戏营造的氛围之中。

那么，到了元宇宙中沉浸式场景和体验随处可见，且会更加全面、复杂，会用到 VR、AR、MR 以及尚未开发的沉浸式技术，总称为 XR 技术。由此可见，元宇宙是虚拟世界和现实世界相互连接、感知的通道，这个通道中间存着巨大的想象空间，可以为行业带来更多的新商机。

低延迟：元宇宙中的一切都是同步发生的

延迟，也叫时延，在互联网的虚拟世界中，是指数据传输的一种状态，主要针对数据从一端传到另一端并原路返回所需的时间。当前的互联网存在延迟，但在元宇宙中会把这种延迟降到最低，参与者看到、听到、闻到、触摸到和感受到的一切都是同步发生的，不会感觉到有延迟性和异步性的存在，空间和时间上都是统一的，这样会大大提升用户的体验，会令人感到更加完美和真实。这个低延时的感觉在电影《头号玩家》中有过演示，在最后一道关卡中，主人公帕西法尔在现实世界中的任何轻微动作，都能对其在虚拟世界中所塑造的角色造成影响，且是同步的。

在元宇宙中之所以能够实现这个体验，关键在于5G网络通信技术的运用，在4G网络通信技术中，数据的时延约为20~100毫秒，而5G时代的数据时延则能逐步下降到约5毫秒。在具体的运用中，4G的20~100毫秒，虽然可以满足视频会议、线上课堂等场景的互动需求，却无法满足元宇宙对于低时延的要求。

别小看5G的5毫秒时延，运用在现实中，在智能制造、远程机械控制、辅助驾驶和自动驾驶等领域，会有非常广泛的运用。这些领域对网络差错的容忍度都非常小，通信网络必须保证稳定性，同时对时延也有更高的要求。比如，网络时延要达到1~10毫秒，才能保障提供有力的支持和可靠。随着5G网络通信技术的运用，在5毫秒左右时延的支撑下，这些广泛运用了5G技术的领域会带来新一轮的爆发，比如自动驾驶和车联网等领域。

在元宇宙中，用户可以通过高同步、低延时的特点，体验到更加实时和流畅的完美体验。比如，在使用VR设备时，如果数据传输有延时，参与者会感觉到不适，有头晕症状，会严重影响体验。而5G的高传输速率，则可以完全避免这种情况的产生，有效改善时延，让参与者感受不到眩晕。

诺基亚贝尔数据显示，如今5G端到端时延已经能控制在10毫秒以内，今后还可能达到5毫秒左右。在元宇宙中，如果想对大量数据进行迅速传输，就要借助强大的通信基础设施。可是，基站数量有限，5G实际传输速率多半很难达到其设计水平，而根据日韩对6G网络技术的展望，6G时延完全可以缩短至5G的十分之一，传输速率也能达到5G的50倍，真正实现元宇宙的低延时。

由此可见，随着网络通信技术的不断完善和进步，今后在元宇宙中不仅可以有效改善VR系统的延迟问题，还能极大地提高VR的体验，为VR

内容等产业链的发展提供强大的技术支撑，让用户得到更好的沉浸式体验。比如，在2021年砂之盒沉浸影像展中，通过沉浸式交互作品、360全景视频、实时线上演出和声音交互等形式，让人们感受和体验到了新锐的创意，从而被沉浸式媒介的魔力所折服。

多元化：可以多元化地进行各种交互

元宇宙中的多元化可以有很多种解释：一是指由单一向多样发展，由统一向分散变化；二是指多样的，不是集中统一的。对于元宇宙来说，多元化是指元宇宙能提供多种的内容、道具和素材，以及由此构成的丰富多彩的世界。此外，多元化还体现在数量上，即元宇宙不是一个，而是很多个。

未来，元宇宙也许不会由类似《雪崩》里的“计算机协会全球多媒体协议组织”垄断经营，反而会形成一个由多个巨头打造的元宇宙群，或者“多元宇宙”，用户完全可以在多个元宇宙中来回穿梭。

那么，元宇宙的多元化体验究竟是怎样的?

元宇宙对现实世界具有一定的替代性，借助这种替代性，用户完全可以通过元宇宙得到游戏、社交、内容和消费，拓展到更多的生产和生活体验，融入千行百业。其主要体现在以下几个方面：一是元宇宙可以为用户提供多样化的体验，包括沉浸式、实时和泛娱乐等内容；二是可以为用户提供一种与现实世界相融合却又不同于现实世界的社交新体验；三是元宇宙为用户提供的内容体验是非常丰富的沉浸体验，而不是单调的体验；四是在元宇宙中，用户的消费体验会被颠覆和重塑，数字资产价值也会被重新定义。比如得物 APP 的 AR 虚拟试鞋功能允许用户只需要挑选自己喜欢的鞋型和颜色，点击 AR 试穿即可看到鞋子上脚的效果，避免了去线下试鞋或快递收到鞋后发现上脚效果不好看再退换货的麻烦。新氧为用户提供 AR 检测脸型的服务，通过手机扫描脸部推算出适合每位用户的妆容发型护肤品等，使用户在手机上就能远程体验到专业的美容建议。也就是说，进入元宇宙时代，沉浸式的消费体验会颠覆原来的消费模式，并成为一种新的流行趋势，用户的消费体验会与过去的体验明显不同，而且这种沉浸式消费将不仅仅局限于购买衣服鞋子等小件物品，AR 房屋装修、远程看房，甚至模拟旅游景点都将成为人们非常主流的生活方式。

随时随地：无时无界可以使用任何设备登录

在元宇宙中的随时随地，是指元宇宙中的所有创作者、建设者和参与者虽然来自世界各地的不同区域，但在元宇宙中却处于同一个空间维度中，且时间维度也具有真实性，任何一个个体都可以通过不同的终端进入到元宇宙中，体验沉浸式的虚拟世界，且不受任何时空方面的限制。

一、只有虚拟时空，才能自由而随意

步入虚拟世界，开启全新的人生体验，是信息技术发展和人类文明进步相结合的产物，也是一种发展的必然趋势。元宇宙是以完全虚拟的形式存在，这种形式完全可以改变人类对于自身存在的主流认知，原来人不仅可以作为一种生物存在于现实世界，还可以作为一种数字形式存在于虚拟世界。

元宇宙的虚拟时间，是用一系列综合的互联网技术整合制造的结果，通过变换既定的时空运动方式，从而营造出一种超乎想象的时空运行状态，有其固定的时空维度，能够展现特有的时空场景，给人们营造出一种不同于现实世界的体验和感受。这是一种与现实世界有区别又有联系的形态，具有自主性、交互性、非线性和拟真性的特点，比如赛博空间、信息时空、数字时空等都是对虚拟时空的一种诠释。

从本质上说，虚拟时空是一种现代科技相互整合的产物，是人脑意识或人的空间想象力与虚拟技术相结合的结晶。但它既不是人类的想象空间，也不是无中生有的抽象空间，而是一种客观存在，可以帮助人们展示或呈现出大脑中的意识图景，将现实社会中的真实场景用虚拟的形式建构出来。

虚拟时空的存在会改变人类存在以来就有的时空向度，对文化、宗教、历史和地理等地域性空间都有了全新的解构，分化了过去、现在和未来为一体的线性时间，重新构造了一个全新的流动空间，使人类生存和发展的时空构造迎来了一个从未有过的、全新的发展阶段。

二、脑机接口连接虚拟时空，运作起来更自由

要实现随时随地，就要不受时空的局限，而脑机接口可以提供解决方案。通过脑机接口，可以随时随地进入到元宇宙这个虚拟空间中去，现实世界与虚拟世界的物理隔离就会自动消除。

“脑机接口”在脑科学研究领域是多年来的一个显著进步。在大脑活动的过程中，脑信号可以进行编码和解码，脑机接口就能在大脑和外部设备之间建立起一种直接的通信和控制通道。通过这种编码和解码，可以实现参与者在元宇宙内进行的所有行为的精准识别和解析。

脑机接口技术的基础是识别脑信号，并对大脑功能区进行定位，但这里有一个条件就是解码速度。也就是说，在单位时间内，设备正确解析出

的脑信号越多，使用者对电脑的控制也就越精密。按照清华大学的实验范式划分，脑机接口包括：运动想象脑机接口、基于P300电位的脑机接口和视觉诱发电位脑机接口。其中，视觉诱发电位的解码效率更高，可以通过人脑对不同频率闪烁产生的反应进行识别。

经济系统：数字创造、数字资产、数字市场、数字货币和数字消费缺一不可

在现实世界中，经济活动非常重要；在元宇宙中，经济活动同样重要。

“我们不仅要建立一个 3D 平台，还要建立一个公平的经济体系，所有创作者都能参与到这个经济体系，赚到钱，得到回报。”

这是 Epic 游戏公司的首席执行官蒂姆·斯威尼在接受关于元宇宙经济的访谈时说的一段话。也就是说，未来在元宇宙中，为了满足资产交换和储蓄的需求，元宇宙不会依靠任何经济系统，而是会设定一套自己的专属经济系统。

元宇宙经济系统的支撑要素主要包括：数字创造、数字资产、数字市场、数字货币和数字消费。

数字创造：元宇宙的用户会根据自己的需要创造出自己的数字内容和产品。

数字资产：数字内容和产品会有明确的产权归属，形成数字资产，可以在数字市场进行交易。

数字市场：拥有完善的市场机制，参与者可以进行数字内容和产品的交易，但前提是必须遵循交易规则。

数字货币：用于在数字市场进行交易的媒介，是整个元宇宙经济系统的核心。

数字消费：通过消费数字内容和产品获得成就和喜悦。

只有同时具备以上五大要素，才能构成完善的元宇宙经济系统。

当前，在元宇宙中，打造成功的经济系统已经出现了很多成功的案例。比如腾讯“罗布乐思”，是一个多人在线的3D创意社区，可以通过社区提供的强大编辑工具和素材，让用户能够尽情创作内容，并且在虚拟社区中与伙伴一同体验交流、共同成长。事实上，3D创意社区是一种构建在波卡上的跨链协议，可以实现多种异构链之间的资产跨链管理和数据聚合预测分析，目前已经被成功运用到ETH、BTC、BSC等链上，进行资产流动处理。据了解，腾讯的这个创作团队是继NewOmega、DOT Mog、Haskell Web3 library等之后全球第十个完成全部波卡milestone的团队，技术力量特别强大。

文明：元宇宙自我发展出的独特文明

在英国科学记者、作家加亚·文斯所著的《人类进化史：火、语言、美与时间如何创造了我们》中，归纳人类进化的关键词时确定了四个关键驱动力：火、语言、美和时间。

关键驱动力之一：火。借助火的力量，人类就能从能量的禁锢中解放出来，突破动物的局限。关键驱动力之二：语言。借助语言，人类就能传递更多、更准确的信息，实现人与人之间的沟通，用文字、故事和记忆等创造累积性文化。关键驱动力之三：美。70 万年来，人类一直都在追求美的感受，都在努力将共同的信仰和身份凝聚在一起。关键驱动力之四：时间。时间是客观、永恒的，人类用自己创造的方式来记录和使用时间，就能得到理解世界的动力。科学由此产生。

从这段论述中，四个关键驱动力与元宇宙有着非常紧密的内在相关性。在元宇宙中，其独特的网络语言、视觉、超时空等，内涵丰富，具有独特的文化意义。也可以说，元宇宙的发展历程，本身就是一个通往文明的道路，其最终的目标就是形成自己独特的文明体系。这种文明体系是由多元化且丰富多彩的文明形态、价值理念、语言文化所构成的独特文明，能够给现实世界中的人类带来很多正面性的引导和启示。

但与人类文明相比，元宇宙文明是虚拟的，其形成的文明形态，跟物理世界的文明形态相似，但也会存在诸多不同。比如，在大型游戏“第二人生”和“堡垒之夜”中的文明形态就有明显的区别，那么不同的元宇宙之间也会存在这种文明的差异，正如人类历史，是由华夏文明、印度文明、阿拉伯文明等，一起构成了五彩缤纷的人类文明。所以，在元宇宙中，其文明形态必然也具有复杂性和多样性的特点，除此之外，还可以让我们能够体验各种不同的人生和角色，这也是一种特别的文明。

可见，元宇宙的文明至少会包含社交关系、社群关系、资产确权、治理模式和经济系统，甚至还要包括元宇宙的基本价值观和理念。

第八章
元宇宙财经——投资逻辑

未来虽在路上，但投资却可以提前准备。尽管元宇宙能否代表下一代互联网在业界尚存争议，但在金融市场已经成为时下追逐的热点。无论是普通人，还是企业，都可以在元宇宙中用自己的方式获得想要的收益。

普通人参与元宇宙的两种方法：生产力和消费者

氖星元宇宙由氖星机器人世界升级而来。这里有许许多多的问答机器人会抢答用户提问。它们由不同用户培养，具备不同专业知识。用户培养的问答机器人抢答问题可以获得积分，积分可以兑换礼品。目前的机器人们能回答历史知识、动物知识、植物知识、急救知识等问题。

氖星元宇宙数字人工厂帮助每个用户在氖星元宇宙订制生产个性化的阿凡达（虚拟替身）。每个阿凡达由虚拟 3D 或 2D 数字人及问答机器人两部分组成，可以提供自然语言文本和语音交互，可以提供客服、主播、导游、心理医生、语音购物、语音点餐等服务，可以接入互联网、实体机器人、AR、VR、电话网络、各种智能硬件等。氖星虚拟数字人可以配合对话内容输出不同动作和表情，比如跳舞、打招呼、鞠躬、走跑跳、说话、阅读、吃饭、喝水、睡觉、大笑、生气、害羞、微笑等。参与氖星元宇宙可以在氖星元宇宙培养自己的数字人为其他人服务。

在这段关于氖星元宇宙数字人工厂的简介中，很多普通人可以通过这些平台参与建设元宇宙。此外，还有很多类似的平台，比如希壤和腾讯的罗布乐思等。由此可见，普通人参与元宇宙的方法主要有两种：分别是生产力和消费者。

一、生产力

普通人参与元宇宙的一种方式是进行数字创造，这种参与方式将会成为元宇宙的经济体系基础。因为在元宇宙的经济体系中，数字化的商品非常重要，必须有好的数字化商品，元宇宙才能构建起真正的经济体系，如果没有数字内容的创造，就不会有所谓的交易、体验的商品。所以，对于元宇宙来说，持续创造出人们喜欢的数字产品是必须要面对和解决的问题。

在现实世界中，人们创造的商品都是一些实际的物质和一些相关的服务。人们通过对商品的包装和营销，让商品进入到市场环节进行流通和交易。但是在元宇宙当中，人们创造的是虚拟产品，进行的是数字创造，这些产品是由一些程序和代码组成的，是一种客观的存在。而且这些数字商品的丰富程度，决定着元宇宙的发展是否能够可持续，只有创造的数字产品达到数量和质量上的标准，才能够成为支撑元宇宙发展的重要推力。所以，在元宇宙中需要解决的第一个核心问题就是可以让用户用一种非常简单便捷的方式进行数字产品的创建，比如在元宇宙中可以建造房屋、创造游戏、发表各种图文信息、短视频等。比如，一个叫“Roblox”的游戏开发平台就是用一种非常简单便捷，甚至是傻瓜模式的创作工具，让很多游戏用户参与到游戏的开发中来，而不是通过专业的技术员来实现，仅仅只是通过鼠标进行操作，就可以进行内容创造，而不是通过专业化的代码和程序进行创造，大大降低了创作的门槛。

二、消费者

普通人参与元宇宙的另一种方式就只是一个消费者，在元宇宙中消费和体验各种别人创造出来的数字产品，用来打发现实世界的无聊时间或者寻找一些开心和快乐。事实上，只要人们参与到宇宙中这个虚拟世界中去，必然要消费数字产品才能得到各种各样的体验，哪怕内容创作者本人已经创造了很多数字产品，也需要去消费别人的数字产品才能获得完整的体验。随着元宇宙的不断发展，当元宇宙变为 Web3.0 时代时，就会出现数字资产，当创作者创造的数字内容形成规模，就能累积成自己的数字资产，进而获得更多的收益，可以在元宇宙中尽情体验更多的数字产品。在元宇宙中，作为消费者一定会消费数字产品，而且消费的时候会有很多的场景，消费的内容也与现实世界有所不同。在现实世界中，人们消费的都是实际的物品和服务，但是在元宇宙中消费的都是一种虚拟的东西。比如，在元宇宙的游戏、娱乐和电影等方面，可能需要消费皮肤、武器和观看时长等，消费的个性化也会让元宇宙的消费者的体验感更加个性化。

在“Roblox”中，参与游戏的玩家和通过搭建游戏赚取 Robux。Robux 既可以重新投入游戏中，也可以用来继续投资或者兑换成现实世界的货币。用户购买道具或者服装时，其支付的 Robux 实际上是支付给该道具的开发者，当然“Roblox”会在其中收取一小部分佣金。2020 年，超过 120 万名开发者赚到了 Robux，其中超过 1250 名开发者的收入高达 1 万美元，超过 300 名开发者收入高达 10 万美元。2020 年 1~9 月用户累计充值 12 亿美元，其中消费达 5.9 亿美元。

“Roblox”的成功为元宇宙数字产品的相关理论提供了很好的说明。人们在虚拟的元宇宙中消费数字产品，创造自己的数字资产，其实不是为了生存、安全感，而是为了获得精神上的某种满足，比如胜利、喜悦等。参与者作为消费者参与元宇宙，消费数字产品就是为了获得归属和尊重等方面的需求，全部是精神世界的需求，而这些需求对于现实中在满足了生理和安全方面的需求之后的人来说同样重要。

在技术和应用两个方面寻找元宇宙投资机会

脸书布局元宇宙，近些年来，一直围绕的重点是技术和应用。一方面是提高技术的渗透率，且保持这种渗透率的螺旋式的增长，进而带动元宇宙参与者数量的增长，让创作者的收益越来越高。在技术上，脸书把全部精力都投入到VR一体机的研发和应用中，放弃了原来的PCVR硬件技术，在应用端进一步强化了生态性的构建。从中可以看出，如果想像脸书这样在元宇宙中寻找到投资机会，应重点围绕技术和应用两个方面进行。

一、技术方面的投资机会

如果要在元宇宙中找到投资的机会，就要从技术方面入手，围绕技术进行基础设施的构建，比如VR、AR、服务器等，与此同时还要重点关注区块链的去中心化技术，这样可以给投资带来更多的保障和稳定性。

比如，跨链稳定性技术在元宇宙中就非常重要，因为区块链是一个系统，却没有前端。这些元宇宙有先天缺陷，存在扩展性差，不能实现跨链通信等不足和问题，进而会导致其经济的流畅性受到一定的影响和制约，而且与其他元宇宙无法实现正常的联系互通。要解决这些不足和问题，只需要采用一些技术就可以轻松解决。比如，波卡生态的底层跨链协议 X Protocol 就是一个很好的解决方案。这项技术是专门针对可扩展性和交易速度、跨链互操作性、治理和可升级性方面存在的不足和问题，可以助力元宇宙构建起跨链资产处理、市场预测分析、NFT 流转、跨链 DeFi 以及多元社交的五个大生态场景，最终才能形成元宇宙的经济体。所以，如果想在元宇宙中寻找投资的机会，可以先围绕技术展开，寻找更多像 X Protocol 这样元宇宙必需的技术进行投资，专注业务与应用，会是一个不错的投资选择。

二、应用方面的投资机会

在元宇宙的初期，元宇宙会赋能各行各业，让传统行业激发出全新的活力，最终实现高质量、数字化的发展，到那时千行万业都要实现元宇宙化，而元宇宙技术也将渗透在各行各业之中。游戏、社交、出行、办公、地产、教育、零售、旅游、医疗、健康、养老、娱乐、广告、体育等各细分领域都会出现大量的投资机会。

1. 游戏：元宇宙第一个应用场景

游戏对于元宇宙可以说是元老级的应用场景。在这方面的投资，腾讯公司是比较成功的。它们在游戏中接入元宇宙的概念，从而引发了“游戏 + 社交”的热潮，一时间腾讯推出的游戏大火。据相关统计，腾讯已经投资了有元宇宙因素的游戏近70个。此外，还有很多知名的互联网科技公司也开始布局元宇宙，国内包括阿里巴巴、百度，国外包括脸书、微软、英伟达等，它们都在游戏、智能硬件等领域发力。

在游戏领域投资最成功的，还有网络游戏“星战前夜”，这个游戏被曼昆作为典型案例收录。这款有元宇宙因素的游戏最特别的地方在于游戏的沉浸式和经济模式。在这个游戏中，参与玩家的身份是由自己的所有行为累积而成的结果，而不是自己设定或者游戏系统来设定的。如果你每天采矿，那你就是矿工；如果你负责运输安全，那你就是保镖；如果你经常偷袭别人的货物和船只，那你就是海盗。如此这般，确定了你的身份之后，玩家还会自发地形成各种组织，拓展出各类军事、生产、商业等活动。与此同时，游戏里的资产和现实世界的资产非常接近。比如游戏中自己的房屋遭到毁坏，重新维修就会减少很多的资产。所以，如果没有经济思维，玩家的资产就会因为经营不善而损失和减少。而且，游戏里有很多的道具、商品和生产资料，为此专门建立了交易市场，还会提供物品价格走势的价格趋势图给玩家参考，在这个交易市场的助推下，还延伸出了商会、保险行业、金融等组织或者行业，与现实世界没有区别。

此外，“Roblox”作为一个在线游戏创作平台，给所有的用户提供了一整套自己可以构建虚拟世界的简易编辑器，用一种低门槛的形式吸引更多的创作者加入。在这个平台上，玩家可以玩别人的游戏，也可以根据自己的创意开发自己喜欢的游戏，还可以用虚拟的货币进行交易，购买道具、虚拟角色和各种特殊的权限等。据相关数据统计，在“Roblox”上的内容开发者已经接近800万，相当于构建了一个小的虚拟世界，这也体现出了元宇宙的发展潜力。

2. 社交：虚拟交友中的投资机会

在元宇宙里，用户可以使用自己的虚拟身份进行各种活动，比如可以在各个平台和场景下穿梭，认识各种各样的人，进行正常的社交，让元宇宙这个虚拟的世界产生情感的链接。

而要实现这一点，离不开元宇宙的连接技术。比如微软公司就投资推出了Hololens AR头盔，将Mesh视为元宇宙不可或缺的基础黏合剂的角色，可以将多个元宇宙连接在一起。

3. 办公：资产数字化中的投资机会

2020年初，在全国抗击新冠肺炎疫情部分地区停工停产的情况下，紫光股份旗下新华三集团利用远程工作解决方案实现了全员“复工”，成功满足了公司7000多名非研发人员远程办公，以及8000多名研发人员跨区域线上工作的需求。

在元宇宙中，远程办公会把一切数字化，包括会议纪要、产品规划文档、项目迭代计划、市场营销方案、技术架构设计文案等，然后采用文本、语音、视频、应用工具等形式存储起来，最终形成公司的数字资产，成为数字资产之后，就可以在数字交易市场进行交易。

4. 出行中的投资机会

元宇宙中因为没有物理空间概念，所以人们的出行是不考虑采用什么交通工具，走什么路线，就可以在瞬间到达自己想去的任何地方。在“Roblox”平台上现代汽车就推出过出行探险项目，用现代汽车来诠释未来的出行体验。在这个项目中，有节日广场、未来移动城市、生态森林、赛车公园和智能科技园区五个主题场景，参与者可以让自己的虚拟形象乘现代汽车在其中自由活动，且可以选择乘哪个型号的汽车，打造什么样的停车场，参与哪些社交活动等。

5. 地产中的投资机会

在元宇宙中，你可以拥有无数套虚拟的住房。它们可以是各式各样的，别墅、公寓、民宿，只要你能想得出来，复制一下代码，就可以构建出自己的家园。

比如，在虚拟游戏平台 Sandbox 上，他们的一块土地曾以近三千万人民币的价格售出，创下了元宇宙房地产成交的新纪录。已经成功打破之前 Decentraland 平台一块虚拟土地 1548 万人民币的纪录。因此，元宇宙的玩家如果想要拥有自己的房地产资产，那么就要购买虚拟的土地，这其中就有无限的商机。比如，在由天下秀开发的虹宇宙虚拟世界里，参与者不仅可以体验盖房子，还可以体验买房、装修、虚拟家居等全过程，VR 沉浸式技术可以让用户的体验与现实世界没有什么区别。

6. 教育中的投资机会

元宇宙中的 VR 技术可以广泛应用于教育业，比如构建一些科学研究、虚拟实训、虚拟仿真校园、课堂教学、情景化测试等可以开展教育的各种场景，然后再通过元宇宙的虚拟现实技术，让学生可以体验沉浸式的学习。比如，学生可以在元宇宙中体验开飞机、大炮或者火箭等，身临其境，可以获得与现实世界完全一样的学习经验。

从中可以看出，元宇宙中的AR技术应用于教学，有很多突出的优势，比如教材丰富，有代入感，提高学习效率，可以进行可视化的学习等。例如广西七三科技就研发出了AR智慧课本，只要学习根据课本的图示操作，就可以在手机上看到对应的内容，这些内容都是立体的，且有动态的解决和演示，学生学习起来会非常生动且印象深刻，大大降低了学生学习的难度。

7. 零售业中的投资机会

随着元宇宙的不断火爆，零售业也开始在这个领域进行提升。比如深圳龙岗万达广场开启的“商业空间元宇宙”项目，就是利用玩宇宙技术，构建了与现实世界中的实体广场相对应的另一个平行的万达广场，成为现实世界中的数字孪生体，通过虚拟与现实之间的互动，最终实现对万达广场智慧化消费场景运维服务。可以说，深圳龙岗万达广场是零售业元宇宙应用的探索者。

此外，广州悦汇城也为消费者带来了有元宇宙因素的购物体验，构建了AR Show这个大型的AR实景应用，把冰雪奇镜现实世界的相关场景进行融合。这一购物体验一经推出，瞬间拉高了广州悦汇城的流量。

另外，美国零售品牌GAP也推出了有元宇宙因素的试穿活动。消费者可以通过自己的3D虚拟数字形象来试穿各种各样的衣服，最终找到适合自己风格的衣服。它也可以根据消费者的体型、特点、气质和风格，去匹配合适的服装，有效提升了消费者的购物体验。而意大利奢侈品牌古驰（GUCCI）则是与游戏平台Roblox开展合作，推出品牌虚拟展览，吸引了很多消费者到Roblox平台上购买收藏和限量版的配饰，用于打扮游戏中自己的虚拟形象。

8. 旅游业中的投资机会

在元宇宙中，旅游业也与现实世界中的旅游不再一样。在元宇宙中，消费者可以和自己的家人朋友、同事利用碎片化的时间进行线上旅游，感受不同城市和地区的魅力和文化。比如，曲江文旅旗下的大唐不夜城就打造了一个具有元宇宙因素的项目，叫“大唐·开元”，参与者不管在哪儿，都可以通过“大唐·开元”进入到“大唐不夜城”中游玩。

海昌海洋公园举办了一场具有元宇宙因素的主题活动，通过分享万圣社恐星球测试的形式，赢取门票、入园资格、缆车惊喜互动资格等，通过线上线下联动的玩法，让参与者体验到了沉浸式、场景化的新社交。

9. 医疗业中的投资机会

北京航空航天大学成功研发出我国具有自主知识产权的虚拟腹腔镜手术训练系统Lap-Sim和经皮冠状动脉成形术模拟器。后者可满足个性化手术规划、预演、新手术实验等临床应用需求。目前，该PCI模拟器中已经集成了多套个性化病例数据，并在北京协和医院、第三军医大学进行了多轮次的测试验证和应用示范。

从案例中可以看出，元宇宙中的VR/AR增强现实技术未来会给医疗业带来颠覆性的改变，甚至未来的医生可以在虚拟的环境中操作现实世界中非常复杂的手术，真正实现远程医疗。

10. 健康业中的投资机会

友绿智库作为建筑碳中和领域首屈一指的知识服务平台，构建了完整的建筑碳中和知识元宇宙。友绿智库于2021年12月16日通过线上举办了“2021友绿健康人居科技论坛”，发布了《中国健康建筑发展研究报告2021》。此次论坛将通过线上形式邀请国际领先的健康建筑组织与机构专家、业内优秀企业，在友绿智库的知识元宇宙中探讨健康人居、科技地产的未来发展方向，分享先进技术，促进健康建筑深入发展，营造有利于健康建筑推广的社会氛围，建设一个更绿色、更健康、更美好的中国。

广东视明科技发展有限公司运用虚拟场景在现实中对视觉有问题的患者进行了治疗，并针对斜弱视、近视、视疲劳以及阅读困难等人群取得了很好的临床效果。此外，研发的AR、MR等交互技术，交互的手段主要是手与头交互；其治疗的人群也从最初仅针对弱视人群，扩大到斜视、近视、视疲劳、侧视症、阅读困难、青光眼白内障术后及脑损伤等人群。

从上文案例中可以看出，元宇宙的底层技术会影响和改变现实世界中的各行各业，健康领域也不例外，而这也被誉为一种元宇宙最贴近生命的应用。

11. 养老业中的投资机会

在元宇宙中，与养老有关的应用会变得十分抢手和常见。畅想一下元宇宙时代的老年退休生活，人们除了吃饭睡觉这些基本的生理需求，还可以在元宇宙中去世界各地喜欢的景点、城市旅游，去自己小时候长大的地方怀旧，去和虚拟的世界里的朋友一起聊天、娱乐，邀几个好友一起喝一杯美酒，一起度过余生快乐美好的时光。

12. 娱乐业中的投资机会

如何让个人的娱乐体验更加丰富和多元，是元宇宙吸引众多参与者的根本。在现实世界中，很多的娱乐形式，我们只是观众，不是参与者，而在元宇宙中这一切都会发生改变。比如，在一部电影中，我们从单纯的观众变成策划者、导演、演员、主角等，成为想成为的角色，电影情节可以按我们的想象和喜爱发展，我们就是电影的真正主宰者。

13. 广告业中的投资机会

脸书更名为“Meta”后，推出了首个品牌广告战役，用了一种简单而又出乎意料的方式来向世界表明对元宇宙的野心。故事发生在一家博物馆里，一群艺术系的学生正在欣赏法国艺术家亨利·卢梭的作品《老虎和水牛的搏斗》。随着学生们越来越近地观察时，里面的动物们开始变得栩栩如生，将人们吸引到它们茂密的环境中。在那里，他们发现了更多的植物和动物，最后甚至超越 2D 平面，来到了 3D 世界！画中的老虎抬起头说："这是梦想的维度。"而后巨嘴鸟、蛇、山魈、火烈鸟和一串串的香蕉开始跳舞，学生们也身临其境，伴随着音乐跳跃和舞蹈……影片结尾写道："这将会很有趣。"随后，Facebook（脸书）的logo（标志）连同一系列产品的标志变形融合在一起，变成了Meta的标志。

从上文案例中可知，在元宇宙中进行广告宣传，明显与现实世界不同。在元宇宙中，我们可以创造出更有吸引力、更让人兴奋的广告形式，从而产生更多的经济效益。

14. 体育业中的投资机会

2021年10月8日，UFC宣布与游戏制作引擎Unity达成合作，双方将在体育实时3D分发和观看平台Unity Metacast用VR技术拍摄参赛选手，观众可以观看到擂台内和选手比赛的所有角度。两家公司表示，Unity Metacast"将重新定义体育的运营和管理方法，以及球迷和球员参与体育内容的方式"。

2021年10月22日，健身元宇宙公司OliveX宣布完成170万美元融资，玩家可以在家里、健身房或户外锻炼，以获得跑步音频冒险游戏Dustland Runner的原生代币DOSE奖励。

从上文案例中可知，当前很多体育业的领军企业已经开始布局元宇宙，内容涉及电子竞技、赛事转播、体育营销等多个领域，元宇宙开始向更加广阔的体育产业渗透，努力创造出更具沉浸感的体验场景，满足了人们多元化的体育消费需求。

投入元宇宙产业链中相关硬件和软件的开发

不容质疑，元宇宙的构建注定是一项复杂而庞大的系统工程，对元宇宙进行投资，不妨从其产业链入手，比如相关硬件和软件的开发。

一、硬件开发方面

元宇宙中的硬件，主要以 AR/VR/MR 为主，但是在具体的实际运用中，这些硬件在显示功能和计算方面还存在很多的不足和问题，严重制约着元宇宙显示水平的提升，不能把应用的优势发挥到最大，其还有很大的优化空间。

当前，VR 的显示效果是比较不错的，清晰度已经达到了一个很高的级别，但刷新率却跟不上，距离达到人眼的分辨率还有很长的差距。极个别 VR 设备即使能够达到人眼的刷新率，高投入的成本也会导致其价格无法成为普遍性产品，只能望而兴叹。与此同时，VR 的性能与电脑设备有着非常紧密的关系，但当前即使是最高配置的电脑，也无满足 VR 的性能要求。所以，如果想真正提升 VR 技术，还要同步提升与之配套的电脑性能、光学器件的像素密度和其他参数。现如今，很多公司都投入到与 VR 设备相关硬件的开发中，为元宇宙中 VR 设备提供更好的体验奠定基础的同时，也孕育着数不胜数的商机。

随着 AR/VR/MR 的进一步优化，还要将与之紧密相连的 5G、人工智能、边缘运算和机器人等技术纳入优化的范围，这样才能为 AR/VR/MR 这些技术的应用和实施奠定基础。

与此同时，在显示器层面，因为要进行图像输出，所以也要对信息输入和反馈的设备进行优化。比如，目前 VR 主要靠传统的手柄进入和输入，而这种手柄的制造技术和行业共识还没有统一，反馈效果依旧是空白状态。当前的 AR/VR/MR 还远远达不到元宇宙的沉浸式体验的满意效果。电影《头号玩家》中的所有人物穿的体感衣，带有反馈效果，可以从虚拟世界反馈到现实世界中。而能够做到这种体感衣反馈效果的企业非常少，只有极个别的厂家在尝试手部、头部和身体上的局部反馈效果。在很多细节方面也远远达不到《头号玩家》电影中的体感衣的效果，这是 AR/VR/MR 硬件的一大硬伤，还需要不断地研发技术来攻克这一难题。所以，缺陷有时候也代表着商机，真正把 AR/VR/MR 硬件做到现实世界与虚拟世界的同步反馈，才是元宇宙的最理想形态。

此外，随着 AR/VR/MR 的进一步优化，需要将 5G、人工智能、边缘运算和机器人等技术纳入考虑范围。这些技术的进步，可以为 AR/VR/MR 在不同领域的应用铺平道路。比如，在 5G 甚至 6G、7G 等高速通信网络的基础上，把 VR/AR/MR 设备的运算端放到云服务器上，智能设备只有显示的功能，这样才能提高设备的运行性能和显示效果，让硬件设备越来越轻巧，可以像手机一样拿在手中，随时随地带在身上。

二、软件开发方面

元宇宙离不开大量的软件支持，但目前可以支持的软件显然还不够。我们从“Roblox”以工具入门，最终衍生出近2000万个游戏，成为当前最大的元宇宙平台就可以看出，很好地使用工具，可以让生产力得到指数级的增长。所以，构建元宇宙这个并不存在的虚拟世界，需要大量的优质软件，帮助众多的元宇宙参与者通过AI来创造虚拟世界里的素材。现在，已经有很多公司开始通过软件开发来构建自己的元宇宙。目前，在这方面走在最前沿的当属成立于2018年的rctAI公司。在不同类型和题材的游戏场景中，rctAI公司为游戏开发者打造了包括智能内容生成、智能测试、智能数据运营、智能投放等类型的解决文案，涵盖了游戏的整个生命周期。再比如Promethean AI，可以帮助艺术家通过人工智能技术建立一个完全虚拟的世界。不用任何专业知识，只需要几分钟的操作，就可以沉浸到自己打造的虚拟世界中。

企业可布局元宇宙的四大板块：底层架构、后端基建、前端设备和场景内容

底层架构、后端基建、前端设备、场景内容是元宇宙的产业创新环节，当前围绕其中一个或多个环节，国内外有很多先驱公司已经开始布局元宇宙。

第一个环节：底层架构

元宇宙虽然是一个虚拟的世界，但非常拟真，体验上与现实世界非常接近。且借助区块链技术，元宇宙可以对其底层架构进行不断地优化，这是当前市场忽视的一个产业环节。当前，在元宇宙底层架构方面布局受益的企业有：视觉中国、数字认证、东方电子等。

第二个环节：后端基建

元宇宙的后端基建主要有单机智能与网联云控两种技术路径，前者主要聚焦感知交互、近眼显示等领域，后者专注内容上云后的流媒体服务服务。未来，元宇宙的后端基建必然是两者在5G基建基础上的有机融合。

当前，在元宇宙，后端基建方面布局受益的企业有科大讯飞、海康威视、景嘉微、浪潮信息、中国长城、中科曙光、优刻得等。其中最主要的是科大讯飞。

第三个环节：前端设备

AR/VR 及智能穿戴设备，是用户不断稳定地接入元宇宙、得到沉浸式体验的前提，属于元宇宙的前端设备，这个产业链上有传感器、显示屏、处理器、光学设备等。当前在元宇宙前端设备产业链各环节受益的企业有歌尔股份、瑞芯微、京东方 A、韦尔股份、思瑞浦等。

第四个环节：场景内容

元宇宙的内容场景在未来会有很多垂直的场景。比如：在医疗场景方面，会涉及临床技术培训、理论教学、远程会诊、远程手术、手术前演练、虚拟内容理疗等内容场景；在工业场景方面，工业设计行业或依托虚拟现实立体成像技术会迎来新一轮市场的规模增长，对应的市场空间很大。当前，在元宇宙的场景内容方面受益的企业有：科大讯飞、超图软件、中望软件、完美世界、吉比特、宝通科技、电魂网络等。

第九章
元宇宙金融——支付逻辑

支付是元宇宙八大核心技术中的一种，而区块链是其技术基础。经济在现代社会中是不可或缺的基石，可以说一切的进步和发展背后都有着经济活动，对于一个运转良好的元宇宙，构建一个繁荣的金融系统是重中之重。

金融元宇宙与元宇宙金融之辨析

现如今，虚拟世界已经不是想不想的问题，而是必然会到来的一个趋势。在现实世界中，有很多问题一直得不到好的解决方法，比如金融问题。而元宇宙由于是一个重建的新生世界，可以不受现实束缚，让人们不再局限于时空的限制，可以放开手脚研究构建相对完美的金融体系。

如果想要得到长久的发展，元宇宙必须建立一套自己独有的金融体系和逻辑，才能为元宇宙的流通提供保障。而且，这套金融体系要与现实世界相整合，而不是完全隔离的。如果没有完善的金融体系提供支持，元宇宙将是一个非常混乱的世界。因为元宇宙的用户在进入元宇宙之后，虚拟人与虚拟人之间产生信任的条件就必须有一个信用中介，而能担当这个角色的就是虚拟币。所以，在元宇宙中需要构建虚拟币的发行机制，通常情况下，用智能合约来替代中心化的模式。

在元宇宙中构建金融体系，必须要把元宇宙金融的概念和金融元宇宙的概念先辨析清楚，才能更好地推进体系的构建。

一、对元宇宙金融的认知

元宇宙金融从字面上可以直接理解为“元宇宙 + 金融”，即通过元宇宙的技术来对传统的金融赋能。这是一个不争的事实，因为元宇宙必将对现实世界的各行各业都进行赋能，涉及所有的行业和领域。这些被赋能的行业，会借助元宇宙的技术和因素，进行商业模式的创新，价值链和产业链不断升级。利用元宇宙的新理念、新方法拓展更多新的用户和市场。比如，作为元宇宙的关键技术之一——区块链技术在元宇宙中渗透广泛，而且基于区块链技术会延伸出很多新的事物，比如 NFT（非同质化代币）、DeFi（去中心化金融）、Bitcoin（比特币）等，这些延伸出的新内容将会打造出全新的元宇宙金融模式。

金融元宇宙在元宇宙中的位置至关重要，渗透面广泛，涉及数字资产创造、发行、交易、存储、流通和支付等各个环节。以 Larix 为例，作为一个元宇宙金融服务平台，Larix 具有金融产品都有的安全性、收益性和流动性这三个特性，其存在的使命就是让元宇宙中的一切有价值的资产都能够充分流通和利用，且流通和利用的过程因为有 Larix 的存在越来越具有安全性、收益性。Larix 的服务范围覆盖金融服务的全过程，包括 NFT 的抵押借贷、GameFi 资产的租赁拍卖、虚拟土地资产的贷款和众筹等业务。

二、对金融元宇宙的认知

金融元宇宙从字面上可以理解为“金融 + 元宇宙”，在这个概念中，传统金融系统主动去拥抱元宇宙。现实世界中的传统金融如果想要获得新的活力，就要与元宇宙的发展相融合，从而进一步激发其发展潜力。特别是在现实世界中发展空间受到限制，属于淘汰类型的行业、被AI淘汰的行业，还有轻资产行业、自由职业者和残联人士等本身对元宇宙就具有强烈的需求。

随着人们的注意力、时间和资产不断被元宇宙吸引的时候，财富形式也会不断向元宇宙转移，传统金融与元宇宙金融相整合就是财富转移的体现之一。现在很多互联网科技公司纷纷开始布局元宇宙，希望在元宇宙中占有一席之地，最终形成金融互联格局，实现从现实世界向三维元宇宙的延伸。

元宇宙支付逻辑之对人与商家的识别

在现实世界中，对人与商家的识别方式有很多种，主要以卡和手机为主要的识别载体，识别的方式包括指纹、刷脸等生物识别信息，或者选择比较安全的载体，可以存放标识码，标识码具有唯一性。

在元宇宙这个虚拟的世界中，选择什么作为存放标识码的载体至关重要。在当前的选择中，元宇宙中的标识码一般选择 SE 安全芯片，可以加入与元宇宙相关的设备中，使其成为可以承载支付的安全载体。现在做得比较成功的就是 VR 眼镜，里面植入的有 SE 安全芯片。此外，用户与商户的唯一识别码在元宇宙中还有很大的想象空间，且不断会涌现新的载体出现。比如，基于元宇宙区块链技术而延伸出来的 NFT（非同质化代币）就特别火爆。

NFT 是 NonFungible Tokens 的英文缩写，其本质是一种非同质化代币。所谓非同质化就是强调 NFT 是具有唯一性的，不能与其他的 NFT 直接置换。人们在元宇宙中可以交换加密货币，但绝不可能交接 NFT，即便价值相同也不可以，因为NFT是独一无二的。所以，从某种意义上可以认为NFT是一种存在于虚拟世界中的数字身份证，也可以称为一种数字资产。

区块链上的数字货币有两种形式，一种是原生币，一种是代币。有自己主链的就是原生币，比如比特币和太币。而没有自己主链的就是代币，NFT属于代币，需要智能合约来记录账本，对主链有依赖性。这种代币又可细分为同质化币和非同质化币。NFT是通过区块链运作的，能够把虚拟的物品资产化，可作为交易的实体。它对标的实体资产大多是艺术品、门票等，也可以是游戏道具等虚拟资产。但不同于其他代币，它映射的多是钱和贵金属，这就是NFT的独特之处。

NFT也可以将实体融合起来，当作数字资产存在，因为NFT模拟了有形资产的稀缺条件。在现实世界中，一些大型网络游戏的道具、游戏的皮肤等虚拟的物品都是标价销售的商品，而不是资产。而NFT则可以让这些虚拟的物品变成真实的资产，方便用户创造虚拟商品，然后进行交易。

由此可见，在元宇宙的世界里，通过用户与商户的唯一识别码的载体NFT做交易，可以让用户在元宇宙中构建自己的所有权资产，只有这样才能不断加快元宇宙应用场景的创造，沉淀为社区，最终积累成交易的规模。

元宇宙支付逻辑之对商品或服务的确定

在元宇宙中，因为所有的商品和服务是虚拟性的，自然可以经常进行信息内容的变动，这样会影响商品和服务的价值，导致其受影响，出现不稳定性。那么，这就必须对商品或服务进行确定，否则元宇宙中的交易就会出现很大的问题。这时，借助区块链技术，就可以很好地解决这个问题。比如，基于元宇宙区块链技术的 DeFi。

DeFi 是 Decentralized Finance 的英文缩写，意思是去中心化金融。元宇宙经济体系的主导就是去中心化金融产业，这个去中心化金融产生至关重要，直接影响并决定着全球现实世界中的第一、第二、第三产业。由此可见，如果想在元宇宙中搭建属于自己的世界，在元宇宙经济体系中运作，就不能去中心化金融系统的构建。这是因为在元宇宙中，DeFi 之所以能够代替金融契约就是因为它可以通过智能合约提供一系列去中心化的金融应用。用户通过 DeFi 可以对自己的虚拟资产进行操作，比如资本配置、风险和时间维度上的配置等；在元宇宙中，DeFi 可以将金融契约程序化，构建出功能明确的金融系统，将其分为稳定币、借贷、交易所、衍生品、基金管理、彩票、支付、保险等九大类，这些功能可以像积木一样组合运用。

此外，还有基于元宇宙区块链技术的 Bitcoin（比特币）。这种虚拟币在 2008 年诞生，由一位叫中本聪的美国人研究发展，2009 年开始广泛运用，刚开始的时候 Bitcoin 的价格是 1 美分兑换 4 个比特币，现如今其兑换价格已经涨到了 6 万美金左右，创造了人类历史上在短期内货币涨幅最大的纪录。

比特币是从区块链技术中延伸出来的，可以说，比特币是区块链技术的第一成功应用。从技术和应用的视角来看，比特币在交易的过程中，所有的信息都会被记录在账本上，区块链中的一个“区块”只是这个账本上的一页，每 10 分钟就会生成一个账本，这个账本记录着比特币的所有交易信息。与此同时，每个区块之间也有自己相连顺序。

元宇宙的出现，为比特币这样的加密币找到了用武之地。比特币与之前的 Q 币等虚拟货币有着非常明显的区别，后者是定价权、发行权和中心化等都在发行平台手中，而比特币的价值在元宇宙中与现实世界中是同步的。

在未来的元宇宙中，对商品或服务的确定需要一个对标现实世界价值存储的媒介，而比特币无疑是这个媒介的最佳选项。甚至可以说，人们在元宇宙中购物使用的货币就是比特币，它是打开元宇宙的钥匙。

元宇宙支付逻辑之对交易信息的共识

在元宇宙中，对交易信息的共识，能够让人们对交易的安全性产生信任，因为大家已经形成了交易信息的共识，这也是区块链技术的共识机制能够应用的根本所在。

现有的交易成本较高。银行之间的价值传递依赖于中间机构，后者在转移价值过程中收取一定交易费用，使跨行、跨境交易付出较高的费用成本；现有金融产品交易的执行效率低。以转账汇款为例，跨境汇款的到账时间需要 2~5 日 (取决于审批环节和信任网络的交易路由)；境内各大银行的到账时间不统一：一般工作日（9：00—17：00）4 小时到账，17：00 后要次日到账。节假日的到账时间甚至延长到下个工作日；系统可靠性差。银行之间的价值传递依赖互信的中介节点组成信任链条，任一节点发生故障，都将导致重新搭建交易路由，甚至使得交易无法进行。交易路径的延长，故障和风险的隐患随之增加，业务系统不得不建设备份系统，进行交易背书，无形中增加了系统的建设成本。此外，现有的金融产品灵活性低。金融产品的发布受限于发行机构的产品范围和业务规则，不能满足用户自身对金融产品的投资需求；不同业务主体间信息不对称、交易成本过高，没有实现银行、终端客户、投融资机构等参与方的业务对接。

到了元宇宙时代，以上传统的金融业务在价值转移的过程中经常出现的问题，会因为交易信息的共识存在而完全消除。元宇宙会提供开放、平等、高效的金融产品交易系统，不仅能够促进金融产品的创新发展，还可以为客户的金融交易拓宽渠道。

第十章
元宇宙经济——数字逻辑

元宇宙是一个与真实世界完全不同的地方，是完全的数字化空间，生活在这里的人看到的是与现实世界不一样的空间、时间、文化背景、人物类别与社会体系，而数字逻辑将为元宇宙的经济活动奠定扎实的基础。

数字创造：元宇宙经济体系的基础

2021年10月31日万圣鬼节之夜，一个虚拟人物横空出世：

乌黑长发的背影、只敢远视不敢上前的人群、大胆的女孩，烘托出一个不那么有人味儿的飒气女子，她眉宇之间的傲娇、谈吐之中的淡定，显得极其与众不同，和现在虚拟人流行的二次元善舞歌姬或时尚酷感达人完全不在一个频道。

这条短短2分11秒的片子，始终透着鬼影幢幢的独特魅力，气氛拿捏到位、情境十足，在很短的时间内就将虚拟人的性格、人设以及背后的捉妖世界观都充分表现出来，让观众产生了浓厚的兴趣，想关注并追看后续会发生什么……

而最后妖鬼的现身，更是给观众带来强烈的视觉冲击和意外惊喜。

虚拟人的名字叫柳夜熙，是一个以捉妖和美妆为关键人设的虚拟人。这条短视频，在24小时内在抖音爆红，粉丝量直接达到176万，获赞200多万，美妆与“元宇宙”的威力值让人瞠目结舌。由此可见，短视频、游戏和 AI 等行业都把数字的打造摆上了重要的位置，因为它们深知要吸引和留住用户除了用好的内容，别无捷径。

现实世界如此，虚拟世界更是由无数的数字内容堆叠而成。元宇宙中存在大量对实时 3D 数字内容的需求，因为这个虚拟世界中的一草一木、一砖一瓦都是海量的数字内容，正等待着源源不断的创作供给。元宇宙经济体系离不开这种创造而出的数字内容，这些数字内容在元宇宙经济体系中将以数字商品、数字资产的形式而存在，有了这个基础，后边的数字市场、数字货币和数字消费才有了存在的依据。所以，数字创造，是元宇宙第一要解决的问题。

在现实世界中，人们积极创造的都是实际的物品和服务，然后对这些实际的物品和服务进行包装和梳理，最后进入市场进行交易流通，这些物品和服务被称为“商品”。但是在元宇宙中，人们创造的不再是具体的物品和服务，而是数字产品，其本质是由一些程度和代码组成的数据。前文讲过，数字产品越丰富，质量越高就越具有吸引力，元宇宙才能得到可持续的发展。

虽然创造的数字产品是虚拟的，但在元宇宙中数字创造的过程是客观存在的。正如我们在现实世界中，在大型游戏中体验不一样的人生，在短视频平台分享自己拍摄和剪辑的短视频，在微信公众号和视频号上发布各式各样的图文，通过这些平台，我们每时每刻都在创造自己的内容。那么，在元宇宙中也一样，会有非常简单便捷的数字创造工具，帮助人们创造自己的数字产品，这无疑是元宇宙所构建经济系统的第一个核心问题。Roblox 游戏开发平台已经做了很好的例证，只需要让用户动手操作几下鼠标，就可以实现数字内容的创造，而不需要懂代码或者会编程序，复杂的问题简单化，大大降低了用户数字创造的条件和门槛。

数字资产：数字创造产生的数字化内容

创作者通过数字创造的数字内容，通过产权属性确定之后，就是数字资产，可以为下一步的数字交易打好基础。

数字资产的生产方式一般有两种方式：一种是专业用户创造的数字内容；另一种是普通用户创造的数字内容。前者叫 PGC，后者叫 UGC。

PGC 形式的数字资产，其稀缺性往往是通过人为设置的，这样才能有效保证其价值的稳定。这些数字内容由大型的互联网科技公司或团队一起创作，单独一个人无法完成，对技术和经济都有一定的要求，其复杂性和专业程度决定着这些数字内容的价值。比如，在一些大型网络游戏中的“皮肤”和道具，只归属于玩家自己，归属于其账号下，不能单独转让或者买卖，且只能在这个网络游戏平台使用，在别的游戏场景中不能使用。这是游戏平台为了保有自己的利润而设计的一种机制，完全是去中心化的。

UGC 的数字资产的创造形式因为是由普通用户为主体的，所以这种形式非常普遍。比如，玩家在游戏中给自己创造的一些武器、道具和场景等，不是在官方平台购买的，具有个性化的特点。虽然理论上这些数字资产应该可以通过交易的形式销售和购买，但需要游戏平台方确权了之后才可以。只有这样才能为用户的交易提供支持，进行资产转移。

数字资产让数字内容和产品有了自己的产权，这一点非常重要。因为在元宇宙中，如果用户创造了数字内容，只要进行了产权确属就可以进行销售和交易，否则就无法进行交易流通，这样也有利于元宇宙里数字内容的质量提升和优化，数字内容不会被随意地复制和抄袭。比如，“王者荣耀”游戏中的武器和其他道具的产权归属于腾讯公司。如果有玩家喜欢想拥有，就必须花钱购买。而玩家购买到自己喜欢的皮肤和道具之后，只能是自己的私人装备，不可以在玩家之间进行买卖。别的玩家喜欢，只能去找腾讯公司购买，而不是找某个拥有的玩家购买。但是，拥有这些皮肤和道具的王者荣耀账号却可以整体转让，玩家可以从中获取利益，这样一来，玩家拥有的皮肤和道具就有了资产的属性。所以，在一些二手平台上，经常可以看到出售游戏账号的信息。

北京大学国家发展研究院 BiMBA 商学院院长陈春花教授认为，数字化技术创造了场景的联通性、数据的贯通性，以及价值的互通性。这些因素构成了一股新的力量，数字化为企业带来了更多的想象空间，一个崭新的元宇宙在跨界的试探中逐步浮现。

从陈春花教授的观点中可以看出，元宇宙对于数字经济来说，代表着未来和下一站。事实上，人们对元宇宙的不断探寻，其实也是在不断探索数字空间，体验各种数字内容，而元宇宙为社会的数字化转型提供了全新的渠道。

数字市场：满足不同用户诉求的交易平台

数字市场的构建就是为了数字资产的交易可以满足不同元宇宙用户的交易诉求，但在数字市场进行交易的数字资产必须要明晰产权，否则在数字市场的交易就失去了意义。数字市场的出现就是构建元宇宙交易体系的结果，只有这样才能有效盘活元宇宙的数字资产，促进元宇宙的经济繁荣。数字市场必然有其交易的规则，这是整个数字经济的关键，只有在数字市场进行数字资产交易时，严格遵守交易的规则，才能推进数字市场的健康有序运行。

在元宇宙中，主要的交易形式是纯粹的数字产品，所有的创造和交易过程都在元宇宙中完成。企业能够很好地洞察元宇宙用户的需求，目标群体数量、需求分类以及潜在的需求都会被挖掘和呈现出来。当企业能够精准掌握用户的需求时，就可以进行定制化、针对性的生产，然后通过数字市场将资源进行合理的匹配，这样会有效减少资源的浪费，降低同质化的恶性竞争，从而有更多的时间和精力去优化自己的数字产品，发掘更多的市场需求。

数字货币：在数字市场用来做交换的媒介物

在2022年江苏卫视跨年演唱会上，虚拟人邓丽君现身舞台。

业内人士表示，虚拟人作为元宇宙重要的赛道，未来5年内将有越来越丰富的虚拟人涌现，能够为元宇宙带来更多丰富的内容和沉浸式的体验。

“虚拟人”让我们看到了元宇宙的更多可能性，而数字货币也是元宇宙热潮中充满更多可能性的存在。

数据市场存在的意义就是为了交易，而交易就离不开媒介的存在。即便可以用以物易物的方式交易，但这种方法无法准确核定价值，标准缺失，也没有一个合理的比率。在这种情况下，交易中媒介的存在就是为了方便用户交易，而且这种媒介是去中心化的，可以作为一种标准和精准的衡量尺度，这就是数字货币。

数字货币可以让元宇宙用户的交易变得非常简单，这种货币基于区块链技术而存在，是一种去中心化的交易媒介。比如，在元宇宙中的游戏体验过程中，参与者要购买道具、皮肤和武器等装备，就只能用虚拟的数字货币。在元宇宙中，数字货币主要有以下几种。

一、MANA 货币

MANA 货币是一种实用代币，和 LAND 一样，将在 Decentraland 的世界中使用。代币将用于支付土地、化身、物品、收藏品以及赌博等娱乐活动，赚取 MANA 的能力是对游戏构建人员创建和管理优质内容的一种激励，MANA 依然是 ERC-20 代币，和其他的以太坊 ERC-20 代币一样，可以在加密货币交易所购买和交易 (OKEX 支持 MANA 的购买：可以先购买 USDT，然后再币币交易成 MANA)。MANA 有固定的供应量，当用 MANA 购买 LAND 后，该 MANA 即被烧毁，所以 MANA 也是一种通缩代币。

从以上 MANA 币的介绍中可以看出，MANA 币是基于区块链平台上的具有分布和共享的特点。在区块链平台上，参与者可以做很多事情，比如浏览网页，发现一些好玩有趣的内容，与平台上的其他用户进行真实互动。此外，还可以拥有虚拟领地的所有权，只需要在这个平台上的土地账本上如实记录。MANA 货币在这个平台上就是金钱，可以用来购买商品、领地和服务，还可以作为一种奖励来鼓励用户进行内容创造，采用之后就可以得到 MANA 币的奖励。

二、AXS 硬币

AXS 硬币于 2020 年 11 月发布，AXS 持有者能够使用代币进行抵押、投票和玩游戏。这些奖励来自社区财宝，其中包括游戏内购买的物品。AXS 的总供应量将为 270，000，000。一些代币被分配给公开发售，一些用于游戏以赚取特色，一些则分配给 Sky Mavis 和该项目的顾问。首次公开发售时的初始供应量不足 6，000 万，预计到 2026 年释放的代币数量将逐年增长。

从以上文字介绍中可以看出，AXS 硬币是建立在以太坊的区块链上的，是一个受动画片《神奇宝贝》的启发而产生的数字宠物世界。AXS 硬币可以在数字货币交易所进行交易，但是投资价值不是很大，存在一定的风险。

三、SAND 币

SAND 币是区块链游戏“The Sandbox”的原生代币。Sandbox 在以太坊区块链上构建了一个元宇宙，玩家可以使用平台代币 SAND 在以太坊区块链中创建、拥有自己的游戏角色并从中获利。在这里，你可以创造、收集、赚取、治理拥有游戏中的任何东西，按自己的意愿定制。玩法类似于史上最畅销的开放游戏“我的世界”（Minecraft），SAND 币是游戏中的交换手段。SAND 币本质上是一种基于以太坊 ERC-20 协议的功能型代币，将与 LAND 形成 The Sandbox 世界的双代币体系，作用是让玩家们参与去中心化自治组织（DAO）的平台管理作业。

从上文中我们可以看出，SAND 币采用了 ERC-20 协议，是《The Sandbox》中的交换媒介和手段。与此同时，SAND 币的显著特点就是自身的价值会随着时间的推移而不断升值，目前 SAND 币的发行量仅限定为 30 亿个单位。

四、CHR 币

CHR 币，国内的投资者们更喜欢称之为幻彩币。幻彩币是比较火爆的 NFT 项目之一，幻彩币是 Chromia 的原生代币，用作奖励和支付交易费用，也是部署在 Chromia 上的 dapps 的经济平衡工具。Chromia 是一个区块链平台，该平台由关系区块链网络组成。

CHR 币是基于一个全新的区块链平台而存在的，广泛运用于一些去中心化的应用程序中，致力于使分散式的应用程序能扩展到当前范围之外，可以用全世界开发人员都熟悉的方式编写，包括大型企业应用程序、游戏和小型项目。

五、TLM 币

TLM 币的全称是 Trilium, 是于"Alien Worlds"（异形世界）发布的一款数字平台代币。"Alien Worlds"在区块链技术与 NFT DeFi 技术的基础上打造了一个宇宙世界。其虚拟世界可以模拟玩家与玩家之间的经济竞争与经济合作，通过发放 TLM 币奖励的方式来激励平台玩家，玩家可以在虚拟世界中开发更多的玩法。

TLM 币的基本特征有：一是代币令牌可被 ERC-20 代替；二是平台可以利用代币在其中收集和使用独特的数字物品；三是玩家可以赚取代币或利用代币购买 NFT；四是玩家可以通过玩游戏和参与活动获得代币。

从这段 TLM 币的介绍文字中，我们可以了解到，TLM 币可用于抵押、游戏货币，也可以用于星球治理、平台游戏的激励措施，或者购买道具、皮肤和武器等。比如，通过奖励玩家 TLM 币的形式，促使玩家参与战斗完成游戏中的各种任务。

六、SLP 币

SLP（Small Love Potion）是一种可以在以太坊区块链上使用的 ERC-20 代币。Axie Infinity 是一款在以太坊区块链上运行的游戏（Dapp），用户可以在这里收集、饲养、繁殖和战斗名为 Axies 的虚拟生物。Axies 和现实生活中的宠物非常相似，每一个都有自己的特征和外表。

简单来理解，SLP 就是我们平时玩的网络游戏中金币的概念，可以用来购买物品、饲养宠物、战斗等，但是在区块链游戏中它是真正可以变现的资产。在"Axie Infinity"（阿蟹）中，每一只饲养的宠物都是需要用到 SLP 的，这也是 NTF 非同质化代币的魅力，区块链游戏中的宠物不只是单一，而且每一个都具有唯一性，说不定哪天一只宠物被拍卖到天价也是有可能的。

数字消费：高高兴兴地消费数字产品

在元宇宙中的某些虚拟商品，甚至会比现实世界中的同款还要贵很多，买家也许只是想体验拥有的感觉。也就是说，在元宇宙中，因为有了虚拟货币的存在，以及遍布的交易市场和虚拟商品，你可以买到任何一件自己喜欢的商品，与现实世界完全不一样。比如，你可以买到一张精美的图片、一个火箭、去外太空旅游的船票等。在元宇宙中进行数字消费，可交易的商品不受任何限制，只要有创意就可以创造自己的数字内容，马上推向市场，转换为自己的数字资产。也可以说，在元宇宙中，数字消费随时随地，一切皆可进行交易。

魔法世界里的 old-school 元素到处都是：人们穿的袍子是有悠久历史的，学生住在城堡里，没有手机，通信用猫头鹰……相反，他们对人类科技很好奇，比如汽车，虽然他们的代步工具明显更有意思。

出行工具的话，大多数人们不会买汽车，而有可能买一个哈利 · 波特的“扫把”骑着自由飞行，毕竟坐飞机还是太局限了，不能尽情地欣赏风景。

这段文字向我们描述了元宇宙中人们的一些消费偏爱。消费可分为物质消费和精神消费，但在元宇宙这个虚拟的世界中消费，已经彻底升级为精神消费，元宇宙用户并不在意买的是什么商品，而是消费这个行为的发生和存在。

后 记

从《雪崩》这本书的诞生开始，元宇宙的雏形一直在酝酿之中，进而演化为一股力量，人类的所有智慧和技术的发展都集中在了“元宇宙”这个核心，使其在2021年爆火，变成一个炙手可热的词汇。

事实上，元宇宙已经不再只是互联网技术发展的代名词，不再是一些模糊而分散的场景，更像是一个宏大的目标和触手可及的未来，吸引人们不断进行探索和尝试。但这必然是一个漫长而艰辛的过程，需要我们时时思考虚元、自我、人性、自由、伦理、法治等数不胜数的在现实世界中无法突破的命题。

可以说，元宇宙里充满了人类的想象，而人类与当前的互联网时代也进入了选择路口，我们到底该何去何从？ 希望这本书能够给您一些启示。

附录：元宇宙发展简史

（1）2021 年成为元宇宙的元年，人类开始全面步入数字世界，开天辟地，创世而生。

（2）元宇宙（Metaverse）一词来自尼尔·斯蒂芬森的科幻小说《雪崩》。Meta 表示超越，Verse 代表宇宙，“超越宇宙”指平行于现实世界运行的人造虚拟空间。

（3）随着文化观念的演进，元宇宙逐渐成了文化指涉的经典母体和一种世界观设定：电影《黑客帝国》矩阵模拟的人类世界、电影《头号玩家》里的虚拟游戏世界“绿洲”……

（4）新冠肺炎疫情背景下，云经济需求端迎来一轮爆发，“元宇宙”完成语境穿越，从文娱领域进入更加开阔的地带，承载办公、投资交易、社交、教学等功能，作为一种新的社会形态和经济形态走入公众视域。

（5）Epic Games 创始人兼首席执行官蒂姆·斯威尼（Tim Sweeney）认为，元宇宙是一次机遇。为了制定未来元宇宙的标准，许多公司都在布局元宇宙以赢得数亿万用户的青睐。

（6）元宇宙正在构建一个几乎无法想象的虚拟世界。当它完成时，人类世界的物理现实将与数字宇宙融合，迎来一个新的世界。

（7）21 世纪不断涌现出新的互联网创新技术，实现了井喷式的发展，包括云计算、人工智能、大数据、数字孪生等，它们已经很好地融入了人们的生活之中，一个技术的时代由此诞生。而元宇宙的出现，则是这些技术发展到一定程度的集大成者。它是所有创新技术不断融合与发展的结果。

（8）元宇宙是一个系统，具有生态和协作的特点，和互联网非常相似，在开放标准上与万维网差不多，用户在元宇宙之中，可以不受任何的限制。由此可见，元宇宙带来的机遇同样是开放的，不只是针对互联网巨头公司，对于一些个人和小企业来说，也可以在元宇宙中找到自己的机遇。

（9）如果把乔布斯发布的第一台苹果手机当作人机交互的新纪元，元宇宙也必然会开启一个全新的人机交互新模式。在过去的人机交互模式中，是人类在迁就机器，无论是打字、触控都要按机器的要求去实现操控，但在元宇宙虚拟世界，人们的感官得到了延伸，可以用视觉、听觉、触觉、嗅觉和味觉来实现人机交互，不用人迁就机器，而是机器服务于人类，这种交互方式更人性、更自然。

（10）未来，元宇宙将把线上和线下的边界打通，人们在现实世界的工作生活将会向虚拟世界开始迁移，线上和线下两种生活会融合在一起，人类像“两栖动物”一样。

参考文献①

[1]N. 格里高利 · 曼昆 . 经济学原理 [M]. 梁小民、梁砾，译 . 北京：北京大学出版社，2009.

[2] 文森特 · 莫斯可 . 数字化崇拜 [M]. 黄典林，译 . 北京：北京大学出版社，2010.

[3] 汉斯 · 海因里希 · 耶赛克、托马斯 · 魏根特 . 德国刑法教科书（总论）[M]. 徐久生，译 . 北京：中国法制出版社，2001.

[4] 加亚 · 文斯 . 人类进化史：火、语言、美与时间如何创造了我们 [M]. 贾青青、李静逸、袁高喆、于小岑，译 . 北京：中信出版社，2021.

[5] 丁晓东 . 论算法的法律规制 [J]. 中国社会科学，2020（12）.

[6] 莫纪宏 . 论数据时代虚拟事实的法律效力 [J]. 暨南学报（哲学社会科学版），2020（7）.

① 资料其他来源：百度、搜狗、腾讯、新浪、红商网、钛媒体、浙江新闻网、虎嗅网、财经频道、巴比特、零壹财经、中国经济网等网站最新资讯。

[7] 吴思 . 血酬定律 [M]. 上海：复旦大学出版社，2020.

[8] 焦娟，易欢欢，毛永丰 . 元宇宙大投资 [M]. 北京：中信出版社，2021.

[9] 尼尔 · 斯蒂芬森 . 雪崩 [M]. 郭泽，译 . 成就：四川科学技术出版社，2009.

[10] 奥森 · 斯科特 · 卡德 . 安德的游戏 [M]. 李毅，译 . 成都：四川科学技术出版社，2003.

[11] 弗诺 · 文奇，詹姆斯 · 弗伦克尔 . 真名实姓 [M]. 李克勤，张羿，译 . 北京：北京联合出版公司，2019.